이 책은 다섯 분의 자랑스러운 선생님과
일곱 명의 사랑스러운 아이에게 바칩니다.

김기형, 송현숙, 심유미, 유선희, 이정숙 선생님
한길, 단, 요한, 미유, 수경, 이랑, 은영

조벽 교수의
수업 컨설팅

조벽 교수의
수업
컨설팅

대한민국
교사들을 위한
마이크로 티칭
노하우

조벽 지음

해냄

개정판을 내면서

비디오 피드백은 최고의 교수법이다

"교수님들은 멋진 목소리로 효과적으로 수업한다고 스스로를 생각하시지요? 강의 모습을 비디오로 촬영해서 보세요. 비디오는 거짓말을 하지 않습니다." 20일 오후 4시 이화여대 대강당. 500여 명의 이대 교수들에게 '명수업을 하는 법'을 가르치기 위해 강단에 선 조벽 미시간공대 기계공학과 교수는……."

2001년 2월 21일자 《조선일보》에 실린 기사 내용입니다. 저는 예전부터 비디오 피드백을 이용해 자신의 수업을 분석하는 방법을 최고의 교수법으로 여겼고 이것을 한국의 대학에 적극적으로 전파해 '교수를 가르치는 교수'로 알려지게 되었습니다.

저는 이대 강연 이후 근 10년이 지난 2010년 겨울, 방송을 통해 '마이크로 티칭'의 위력을 소개하였습니다(국내 방송사상 최초로 모든 방송 대상을 휩쓴 EBS 다큐프라임 〈학교란 무엇인가: 우리 선생님이 달라졌어요〉). 여러 가지 이유로 학교 생활을 힘들어하는 선생님 다섯 분을 모시고 세 번의 연수(마이크로 티칭, 감정 코칭, 교육 철학)를 통해 그들을 변화시켜 나갔습니다. 어느 하나도 빠지면 안 되는 중요한 연수지만 그 첫 번째 순서가 마이크로 티칭이었습니다.

EBS 다큐프라임 〈우리 선생님이 달라졌어요〉가 폭발적인 인기를 얻자 마이크로 티칭에 대한 관심이 덩달아 높아졌습니다. 비디오 피드백을 최고의 교수법이라 여겨온 저로서는 여간 기쁜 일이 아닙니다. 하지만 동시에 매우 걱정스럽습니다.

수업 분석을 쉽게 생각하고 교수자를 도와주겠다며 〈우리 선생님이 달라졌어요〉 방송에 잠시 소개된 피드백 과정이 전부라고 생각하면 큰일이다 싶습니다. 방송에서는 수업에서 발견된 문제점을 지적하는 장면들이 나옵니다.

하지만 그 모습은 피드백 과정의 지극히 작은 일부였습니다. 방송용으로 부각할 만한 훌륭한 장면이었을지는 몰라도 이는 비디오 피드백의 핵심이 아니라 꼭 필요할 때 적절하게 사용되었던 양념 같은 요소였습니다. 훨씬 많은 피드백은 선생님의 장점에 대한 이야기였습니다.

자신의 수업을 비디오로 녹화해서 남에게 보여주는 것만도 큰 용기가 필요합니다. 몸을 다 드러낸 상태로 있는 취약한 대상에게 수술해 준답시고 예리한 칼을 휘둘러서는 안 됩니다. 몸과 마음에 큰 상처만 남길 것입니다. '선무당이 사람 잡는다'는 말도 있지요.

수업 컨설팅을 위해 비디오 피드백이란 도구를 도입하고자 하는 분들을 위해 이 책을 준비했습니다. 이 책은 본래 10년 전 서울대학교 교수학습개발센터가 설립될 당시 제가 수업 컨설턴트를 위한 전문가 연수를 개최했고, 그 때 연수 매뉴얼 용으로 만든 『새 시대 교수법 상담 가이드북』이란 책이었습니다.

   대학 수업과 교수를 대상으로 컨설팅을 하려던 상담법 책이었습니다만 개정판에는 초·중·고등학교와 교사를 염두에 두고 내용을 수정하였고 새로운 내용을 포함하였습니다.

   이 책이 수업 컨설팅을 하고자 하는 분들에게 도움이 되면 좋겠습니다. 그래서 대한민국 교육이 발전하는 데 조그만 역할을 하길 바랍니다.

2011년 12월

조벽

머리말

대한민국 교육 수준을 한 차원 높여줄 '새 시대 교수법' 상담법

약 10년 전(현재 시점에서는, 20년 전에) 미시간공과대학에서 신임 교수와 조교에게 교수법 기본 지식을 전달해 달라는 부탁을 받았습니다. 첫 해에는 교육 이론과 교수법 기술에 대해서 수업하였습니다. 그 다음 해에 무엇을 좀 더 잘할 수 있을까 고민하다가 비디오 촬영을 생각하게 되었습니다.

강사가 수업하는 모습을 비디오 촬영하여 수업 개선 방안을 상담하는 것이 최고로 효과가 있겠다는 생각을 하게 된 데는 특별한 이유가 있습니다. 제가 몇 년간 GM회사에서 원격 수업을 하면서 제 수업을 비디오로 촬영하게 되었지요. 수업 잘한다고 상을 두루 받아왔기 때문에 수업만큼은 자신만만했습니다.

그러나 비디오를 보는 순간 환상은 무참히 깨지고 말았습니다. 못마땅

한 부분이 여기저기서 발견되었기 때문입니다. 그래서 수업 품질을 높이려고 노력하게 되었습니다. 어느 누가 저더러 고치라고 요구하지 않았는데도 고치지 않고는 못 견디겠더군요. 그 결과 수업을 제가 원하는 만큼 하게 되었고 저는 비디오 피드백의 신봉자가 되었습니다.

첫 몇 해 동안에는 신임 교수들에게 비디오 피드백을 하기가 어려웠습니다. 실험하는 셈 치고 매번 새로운 상담 기술을 도입해 보기도 하였습니다. 실수도 많이 하였습니다. 그렇게 몇 년을 하다 보니 경험이 축적되어 요령도 생기고 나름의 노하우를 지니게 되었습니다.

상담을 할 때 가장 어려웠던 것은 교수의 마음을 이해하는 것이었습니다. 마음을 읽는 것이 아니고 이해하는 것이지요. 마음 읽기는 오히려 쉽습니다. 남의 마음을 읽기 위해서는 상대를 관찰하는 것으로 충분하지만 이해를 한다는 것은 상대의 입장에서 모든 것을 볼 수 있는 능력이 필요하기 때문이지요. 컨설턴트는 교수법 이론과 기술을 알고 그것을 전달하는 말솜씨도 있어야 하지만 그 이전에 남의 말을 경청하는 기술이 있어야 하는 것을 깨달았습니다.

그러나 훗날 알고 보니 비디오 피드백은 제가 창안한 것이 아니라 이미 세상에서 널리 쓰이고 있는 방법이었습니다. 하버드대학에서는 매해 200명의 교수와 강사들이 비디오 피드백 상담을 하고 있고, 다른 대학의 교수지원센터에서도 이 방법을 애용하고 있다는 것을 알게 되었지요. 우물 안 개구리같이 괜히 혼자 끙끙댔던 것이었습니다. 그러나 컨설턴트가 되기 위해서는 결국 혼자 노력할 수밖에 없었다는 사실은 더 나중에 알게 되었습니다.

2000년도에 서울대학교에서 교수학습개발센터의 설립을 추진하면서 제게 도움을 청하였습니다. 그래서 교수법 지원에 대한 여러 정보를 수집하게 되었습니다. 그러나 비디오 피드백에 대한 정보는 구할 수 없었습니다. 대단한 비결인 양 모두 숨겨두어서가 아니고 아무도 비디오 피드백 상담을 체계화하지 않았기 때문이라고 생각합니다.

상담을 소재로 한 책은 많지만 교수법에 대한 상담, 그리고 비디오 피드백 상담을 다룬 책은 아직 보지 못하였습니다(물론 제가 또다시 우물 안의 개구리처럼 모르고 있을 뿐일 수도 있습니다). 그래서 결국 저는 제 나름대로의 독특한 상담 체계를 고안해 내었고 상담 기술을 개발하게 되었습니다.

미시간공과대학의 옴부즈맨(고충처리위원장)과 분쟁 재판장을 겸임하며 또다른 차원의 상담 기술을 익히게 되었고 교수법 상담에 응용하게 되었습니다. 이 모든 노력의 결과가 '새 시대 교수법' 상담이라는 일관성 있는 체제로 발전되었습니다.

그 이듬해에는 제가 서울대 교수학습개발센터에 있으면서 한국의 교수님들을 상담할 기회가 있었습니다. 상담하면서 깨달은 점이 많습니다만 크게 두 가지로 압축할 수 있습니다.

첫째, 미국 교수나 한국 교수나 다 같은 인간이어서 기본 욕구와 감성은 거의 같다는 점입니다. 둘째, 미국과 한국은 본질적으로 다른 문화권(가치관)이기 때문에 상담에 대한 인식이 다르다는 것입니다. 욕망과 감성이 같기 때문에 상담의 목표는 같을 수 있습니다. 하지만 환경과 상황이 무척 다르기 때문에, 특히 상담사와 교수자의 역학관계가 매우 다르기 때문에 상담의 방법은 달라야 한다는 결론을 얻게 되었습니다. 같은 목적에 다른 방법, 이해하기는 쉽지만 이행하기란 결코 쉽지 않았습니다.

이러한 이유 때문에 '새 시대 교수법' 상담 가이드북은 제가 미국에서 사용하던 상담 기술을 그대로 소개하지 않습니다. 이 책에 서술된 '새 시대 교수법' 상담의 체계는 처음부터 끝까지 기존 다른 상담 방법과는 관계가 없습니다. 이 책은 제가 한국에서 대학생들에게 직접 수업을 해보고, 한국 교수님께 자문을 구하여 거의 60개 대학(현 시점에는 178개 대학)을 방문한 경험을 토대로 한국에 걸맞은 상담 방법을 고안하려고 한 노력의 결과입니다.

이 책에 소개된 '새 시대 교수법' 상담 가이드는 무척 보수적입니다. 시시콜콜한 것까지도 이래라저래라 참견하고 잔소리하고 있습니다. 가이드북에 가장 자주 나오는 말은 "저렇게 하지 마라"와 "이렇게 해라"입니다. 이렇게 모든 것이 단호하게 지시되어 있습니다. 어떻게 보면 숨이 콱 막힐 정도로 가이드라인이 많고 엄격합니다. 그렇지만 이럴 수밖에 없는 이유가 있습니다.

한국에서는 교수들이 교수법을 공부해야 한다는 입장이 최근에야 인식되기 시작했습니다. 하물며 교수법 상담사란 직업이 오죽 생소하겠습니까. 서로의 입장을 잘 모르는 상태에서 상담을 하기란 쉽지 않습니다. 무척 조심스러울 수밖에 없습니다. 하지만 시간이 흘러 교수법이란 단어가 귀에 익고, 교수법 상담사가 흔한 시절이 곧 올 것입니다. 그때 이 책의 5장 고난도 기술에 조금 서술되었듯이 상담 방법이 확 트이게 될 것입니다.

모든 일이 초창기에는 어렵습니다. 하지만 지금 이 책을 보시는 분은 모두 교수법 상담 선구자입니다. 지금 한국에 교수법지원센터를 지닌 대학을 한 손에 다 꼽을 수 있는 정도입니다. 하지만 사회 실정에 따라서 빠르면 5년 후에, 늦어도 10년 후에는 웬만한 대학에 다 설치되게끔 되어 있습니다. 대학뿐만 아니라 교육을 담당하는 기관이라면 어떤 형태로도 설치하게 될 것입니다.

지금 선구자로서 어렵게 교수법 상담 기술을 터득하신 분은 5~10년 후에는 상담 전문가로 우대받게 될 것입니다(현재 제 예견이 적중하였습니다. 거의 모든 대학에 지원센터가 구축되어 있습니다. 또한 초기에 컨설턴트이셨던 분들이 현재 상당수 교수로 채용되어 활약하고 계십니다).

'새 시대 교수법' 상담법은 한국의 교육 수준을 한 차원 높이자는 목적을 추구합니다. 새로운 교육 문화를 이룩하는데 참여하는 것입니다. 이 모두 우리 한국에 절실히 필요한 일입니다. 사회가 필요한 일을 할 수 있는 것보다 더 큰 행운은 없습니다. 사회를 위한 일을 하는 것만큼 신이 나는 일이 세상에 더 없습니다. 당장 힘들지만 보람을 느끼실 겁니다. 못하겠다는 생각이 들 때가 종종 있겠지만 끝에는 만족하실 것입니다.

이 마지막 말이 좀 거창하다고 생각할 수도 있겠습니다. 아예 터무니없다고 할 수도 있습니다. 조그마한 상담소에서 단 둘이 마주앉아서 교수법에 대한 이야기 나누는 것이 뭐 그리 대단할까요? 그렇습니다. 상담이란 일은 그리 대수로운 일이 아닙니다. 시시하다고 느껴져서, 보잘것없어서 아마 이런 생각들 때문에 안 되고 있는지도 모릅니다. '새 시대 교수법' 상담법의 생각은 다릅니다.

속담에는 이런 말이 있습니다. "남자를 가르치면 한 사람을 가르치는 것이지만 여자를 가르치면 한 가족을 가르친다." 저는 여기에 말 한마디 덧붙이겠습니다. "여자를 가르치면 한 가족을 가르치지만 교육자를 가르치면 한 세대를 가르친다."

2002년 4월

조벽

차례

개정판을 내면서 비디오 피드백은 최고의 교수법이다 6
머리말 대한민국 교육 수준을 한 차원 높여줄 '새 시대 교수법' 상담법 9
일러두기 17

1 비디오 피드백을 이용한
수업 컨설팅

왜 비디오 피드백인가 19
비디오 피드백의 종류 22
수업 평가와 교수자 평가는 다르다 27
행동은 의도와 다를 수 있다 30
전문가의 컨설팅이 필요한 이유 33
학생들과의 관계를 어렵게 하는 두 가지 35
최고의 교수자와 최고의 수업 컨설턴트는 다르다 37

2 수업 컨설턴트를 위한
비디오 피드백 상담 원칙

수업 컨설턴트가 지켜야 할 12원칙 39
비디오 피드백 상담의 핵심 4가지 40
비디오 피드백 상담의 금기 4가지 48
비디오 피드백 상담 방법 4가지 54
훌륭한 수업 컨설팅은 교수자의 마음을 움직여야 한다 59

3. 교수자와 수업 컨설턴트를 이어주는 면담의 기술

수업 컨설턴트가 면담 시 유의할 점 63
교수자와 신뢰감 형성하기 64
교수자의 말 듣기 70
교수자에게 다가가는 말하기 방법 75
교수자의 감정 관리하기 89
교수자 유형에 따라 상담 전략 세우기 96
수업 상담 가이드라인을 벗어나라 106

4. 발전된 수업을 위한 '마이크로 티칭' 기술

마이크로 티칭 방법과 절차 109
참가자가 지켜야 하는 규칙 110
발표자가 지켜야 하는 규칙 114
마이크로 티칭에서 컨설턴트의 역할 117

5. 수업 컨설팅의 상담 내용

무엇을 컨설팅할 것인가 119
먼저 목소리에 신경 써라 121
몸을 충분히 사용하라 126
칠판을 효과적으로 사용하라 131
수업 진행에 도구를 이용하라 134
수업 진행도 기술이다 136

6 수업 컨설턴트가 지녀야 하는
큰 그림

유능한 수업 컨설턴트의 조건 147
우리 교육에 대한 세 가지 수수께끼 148
진정한 교육 목표 151
글로벌 시대의 인재 155
글로벌 인재가 갖추어야 하는 실력 156
유능한 교육자의 핵심 특성 158
최고의 수업이란? 161

7 교육 전문 조직을 위한
수업 컨설팅의 실행

수업 컨설팅의 절차 4단계 165
수업 상담 신청 접수 166
수업 촬영 171
수업 비디오 촬영 후 면담하기 176
상담 후 서비스 180

부록 샘플 설문지와 자가 진단표 182
감사의 글 209

일러두기

1. 수업 컨설팅의 영역은 매우 넓습니다. 수업과 관련된 모든 면을 포함할 수 있기 때문입니다. 학생 지도와 수업 디자인, 수업 내용(특히 창의력과 인성), 담임의 역할 등 다양한 주제를 논할 수 있습니다. 그러나 여기에서는 교실에서 일어나는 '수업', 즉 교실에서 하는 교수자의 행동에 초점을 맞추고자 합니다.
2. '컨설팅' 방법도 많지만 여기서는 '비디오 피드백 컨설팅'에 한정합니다.
3. '컨설팅'은 교수자가 컨설팅을 신청한 후부터 피드백을 다 받을 때까지 모든 절차를 포함합니다.
4. '면담'은 비디오를 촬영하고 난 후 컨설턴트와 교수자가 대면하여 진행되는 컨설팅의 한 일부를 지칭합니다.
5. 본문에는 수업 컨설팅을 의뢰한 사람을 교사·교수·강사·조교 등 직책과 관계없이 모두 '교수자'라고 지칭합니다.
6. 수업 컨설팅을 하는 사람을 '컨설턴트'로 지칭합니다.
7. 수업 컨설팅을 개념적으로 소개하는 내용(1장)은 『조벽 교수의 희망 특강』에서, 비디오 피드백의 핵심 요소(5장)는 『조벽 교수의 명강의 노하우와 노와이』에서 부분 발췌하였으나 구체적인 컨설팅 절차와 방법은 완전히 새로운 내용입니다.

1
비디오 피드백을 이용한
수업 컨설팅

왜 비디오 피드백인가

제가 수업 컨설팅에 비디오 피드백이 단연 최고라고 믿는 이유가 있습니다. 한 20년 전의 일입니다. 하버드대학의 홈페이지에서 200명이 넘는 교수들이 이 방법을 사용하고 있다고 자랑하는 내용을 보았습니다.

왜 하버드대학 교수가 그런 방법을 사용할까? 저는 도저히 이해가 되지 않았습니다. 비디오에 녹화된 자신의 수업을 보는 게 얼마나 어려운 일인지 잘 알기 때문이었습니다. 녹음된 본인 목소리만 들어도 자신의 목소리가 아닌 것 같아 이상하고, 자신의 목소리임을 확인하는 순간 듣기 거북해집니다. 상상했던 것과 달리 본인의 목소리가 왜 그리 빈약하고 멋있게 들리지 않는지 하는 생각에 듣기 싫어집니다.

수업도 마찬가지지요. 저는 아직 자신의 강의가 평균 이하라고 생각하는 교수를 만나본 적이 없습니다. 분명히 평균에도 미치지 못하는 교수가 절반인 게 사실일 텐데 자신이 그렇다고 인정하는 교수는 단 한 명도 없다고 합니다. 결국 교수의 절반은 환상에 젖어 있는 것입니다.

교수가 강의하는 모습을 비디오로 찍어 있는 그대로 보여줍니다. 그러면 교수 대부분은 비디오를 보다가 그만 고개를 돌립니다. 어쩜 자기가 학생 시절에 그토록 미워했던 선생님의 모습을 그대로 빼닮았는지 무척 고통스럽기 때문입니다.

그런데 왜 하버드대 교수는 그러한 '비참한' 경험을 자청하는 걸까요? 이유를 찾다가 문득 깨닫게 되었습니다. '정말 바보 같은 질문이었구나. 그들이 왜 그렇게 하는가를 물을 게 아니다. 그렇게 하니까 세계 최고다!'

최고는 그냥 되는 게 아닙니다. 세상에 최고가 되는 '비결'은 없습니다. 최고는 모두가 알고 있는 것을 아는 데서 그치는 것이 아니라 이를 실천합니다. 남다른 비법이 있기 때문이 아니라 다른 사람이 실천하지 않는 것을 실천하기 때문에 최고가 되는 것입니다.

비디오 피드백이 교수법을 개선하는 데 효과적인 이유가 있습니다. 만일 제가 단 열흘이라도 거울을 보지 않고 지낸다면 상당히 흉한 몰골이 되어 있을 것입니다. 이에 고춧가루가 끼었는지, 눈에 눈곱이 끼었는지도 모르고 돌아다니겠지요. 남들은 뒤에서 수군거릴 뿐 누구도 제게 직접 눈곱이 끼었다고 말해 주거나 닦아주는 사람이 없습니다. 그래서 우리는 매일 아침 거울을 봅니다. 하루에 한 번만이 아니라 수시로 봅니다.

그러나 우리는 매일 하는 수업을 10년, 20년이 지나도록 단 한번도 거울 보듯이 본 적이 없습니다. 학생들이 수군대는 말은 그저 잡음으로 여기고, 교장 선생님은 수업이 심하게 망가져 피가 철철 흘러야 비로소 한 마디 합니다. 그 말 한마디도 상처를 더 후벼 파는 경우가 많습니다. 깨끗한 거울이 되어주는 게 아니라 차가운 거울같이 다가옵니다.

저를 찾은 다섯 분의 선생님의 모습도 말이 아니었습니다. "내가 이런 모습으로 계속 아이들을 가르치느니 차라리 그만두는 게 더 낫겠다", "그저 돈 때문이라면 진짜 선생님 못하겠다"고 울 정도로 심한 정신적 스트레스를 호소했습니다. 그래서 제가 가장 먼저 한 것이 '거울'을 보게 하는 것이었습니다. 비디오 피드백은 우리의 모습을 있는 그대로 보게 해주는 거울과 같은 도구입니다.

그걸 본 선생님들은 말합니다. "저 스스로 정말 좋은 선생님, 평균 이상의 선생님일 거라고 생각했는데, 비디오를 볼 때 좀 처절하고 울컥했죠." 그렇습니다. 세상에 환상의 죽음보다 더 슬픈 것은 없다는 소설가

케스틀러의 명언이 딱 들어맞는 순간입니다. 참으로 보기 민망하고 힘든 경험입니다.

그래서 많은 학교에서 수업을 비디오로 촬영하고 있습니다만 촬영한 후 비디오 CD나 DVD를 서랍이나 창고에 보관만 해놓고, 분석을 한다거나 자기 발전에 이용하지 않는 모양입니다. 자신이 수업하는 모습을 보기가 '처절'할 수 있기 때문입니다. 그러니 수업 촬영은 그저 보고서용 잡무가 하나 늘어난 것 외에 하등의 가치 없는 일입니다.

비디오 피드백이 제대로 실행되면 거울 이상의 효과를 발휘합니다. 이것을 몇 차례 하다 보면 굳이 비디오로 촬영해 보고 분석하지 않아도, 행동하는 순간 자신의 모습이 눈에 보입니다. 마치 눈이 하나 더 생겨 몸 밖에서 자신을 관찰하는 듯합니다. 흔히 종교에서 말하는 '제3의 눈'이 생긴 것 같습니다.

"가장 큰 발전을 한 게 하나 있어요. 수업을 학생의 눈에서 판단하는 기준이 생겼어요." 수업시간에 노래를 불렀던 선생님의 달라진 모습을 보고 제가 한 말입니다. 학생들은 그 선생님에 대해 "수업시간에 선생님이 딴 얘기를 너무 많이 하세요"라고 불평했지만 정작 선생님은 그런 점을 전혀 의식하지 못했던 것입니다.

처음에는 자신을 의식하게 되니 불편합니다. 그러나 모든 변화는 의식하는 데서(깨달음) 시작하지요. 그러다가 차츰 변화된 모습이 완전히 자리를 잡게 될 즈음, 의식은 사라지고 새로운 모습만 남습니다. 변신이 완성되면 마음이 편해집니다.

비디오 피드백의 종류

비디오 피드백을 할 때 흔히 두 가지 방식을 사용합니다. 이 방식들에 대한 용어가 혼용되고 있지만 크게 신경 쓰지 않아도 됩니다.

'마이크로 티칭'은 소수의 교수자가 함께 모여 돌아가며 모의 수업을 하는 것을 의미합니다. 교수자들은 각각 교수자와 학생 역할을 맡습니다. 각자 평소 수업 시간처럼 50분씩 하는 것이 아니라 훨씬 짧게(마이크로하게) 10분~15분 정도 모의 수업을 하고 난 후 곧바로 동료 교수자에게 피드백을 받는 것입니다. 이때 수업을 비디오로 녹화하여 즉시 다시 보며 피드백을 받을 수도 있습니다.

두 번째 방식은 흔히 '비디오 피드백'이라고 하지만, 마이크로 티칭에도 비디오 피드백 절차가 포함될 수 있기 때문에 두 용어가 혼용되기도 합니다. 편리 상 두 번째 방법을 '비디오 테이핑'이라고 하겠습니다. 이것은 정상 수업 전체를 비디오로 녹화한 후에 컨설턴트와 단둘이서 비디오를 시청하는 방법입니다. 따라서 며칠 후에 피드백을 받게 될 수도 있습니다. 컨설턴트는 당일 수업을 받은 학생들 대상으로 인터뷰하거나 질문지를 통해 추가 피드백을 받을 수도 있습니다.

두 가지 방법에는 각각 장·단점이 있습니다(25쪽 도표 참조). 장·단점을 동시에 설명하겠습니다.

마이크로 티칭의 장점과 단점

마이크로 티칭은 동료 교수자가 참여하기 때문에 수업 콘텐츠에 대한 피드백이 가능합니다. 그러나 그러한 부분이 오히려 부담될 수 있고, 소위 전문 지식에 대한 영역을 건드리는 것이기 때문에 논의 시 모두가 예민해질 수 있습니다. 이상하게도 교수자는 가르치는 기술에 대한 지적은 잘 참고 듣지만, 전문 지식에 대해 지적하면 흔히 자신의 '실력'에 대한 도전으로 여깁니다.

그래서 마이크로 티칭을 할 때 특수한 경우를 제외하고는 수업 내용에 대한 논의를 허락하지 않는 것이 좋습니다. 특수한 경우란 처음부터 수업 내용과 구성에 대한 분석을 요청받은 경우를 뜻합니다.

수업 컨설턴트에 참여하는 동료 교수자가 많을수록 수업 스타일에 관한 다양한 피드백을 받을 수 있습니다. 그러나 서로가 비교된다는 생각에 부담을 느낄 수 있습니다.

또 10분만 발표하면 되어 준비하는 데 부담이 적지만 한정된 데이터는 개선 방안을 제안하는 데 한정적일 수 밖에 없습니다. 즉, 컨설팅의 효과가 높지 않을 수 있습니다. 물론 최고의 컨설턴트는 하나만 보고서도 많은 상태를 짐작할 수 있겠지만, 지레짐작하는 것은 상당히 위험합니다.

그리고 즉시 피드백을 하기 때문에 참여자들이 미리 코멘트를 준비할 부담이 없다는 장점도 있습니다. 반면 같은 이유로 코멘트의 질이 그다지 높지 않을 수 있습니다. 참가자 사이에 충분한 신뢰감과 안전한 분위기가 조성되지 않은 상황에서는 정말 지적해 주고 싶은 면을 직설적으로 말하지 못하고 두루뭉술 은근슬쩍 우회하는 경우가 흔합니다. 이러한 경우 코멘트가 상당히 표면적이게 됩니다.

비디오 테이핑의 장점과 단점

비디오 테이핑은 평상시 수업을 그대로 촬영하기 때문에 추가로 시간을 할애한다는 부담이 없습니다. 그러나 교실에 비디오카메라를 설치해야 하는 번거로움이 있습니다. 학생들이 카메라를 의식해서 평소와 다른 행동을 할까 걱정됩니다. 그러나 대부분의 경우, 수업이 5분 정도 진행되면 학생과 교수자 모두 카메라를 의식하지 못하고 평소처럼 행동하게 됩니다.

수업 한 시간을 다 촬영하면 교수자와 수업에 대해 상당히 많은 정보를 수집하게 됩니다. 또 학생들에게 설문지를 돌려 서면평가를 받아 볼 수 있고, 학생을 인터뷰하는 등의 다면평가도 가능합니다. 그러나 정보 홍수를 주의해야 합니다. 정보가 많다고 무조건 좋은 것은 아니니까요.

그리고 여러 교수자가 함께 모일 필요가 없으므로 약속을 잡기가 수월합니다. 비디오 촬영을 한 후에 곧바로 만나는 게 좋지만 훨씬 나중에 만나도 괜찮습니다. 반면 언제든지 만날 수 있다는 사실 때문에 일이 자꾸 지연되는 경우도 있습니다. 마치 남산에 아무 때나 올라갈 수 있는 서울 사람이 남산에 평생 한 번도 올라가지 않는 다는 것과 같은 이치입니다.

두 방법 모두 장·단점이 있기 때문에 어떤 것이 더 낫다고 말할 수 없습니다. 하지만 상황에 따라 무엇이 더 적절한지는 말할 수 있습니다. 저는 다음 기준으로 적합성을 고려합니다.

외부에서 수업 컨설팅 전문가가 개입하는 경우에는 비디오 테이핑을 권장합니다. 이 경우 상당히 깊이 있고 민감한 개인적 요소까지도 논의할 수 있습니다.

내부 구성원들이 중심이 되어 진행하면 마이크로 티칭을 권장합니다. 하지만 이럴 때 최소한 외부 수업 컨설팅 전문가에게 컨설팅을 받아 본

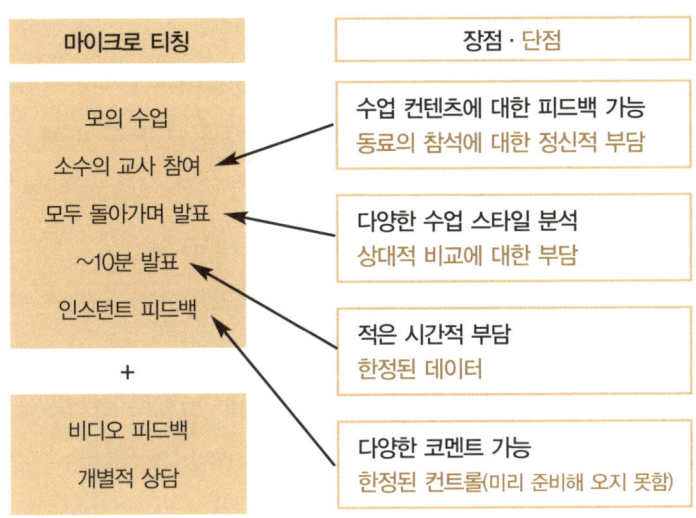

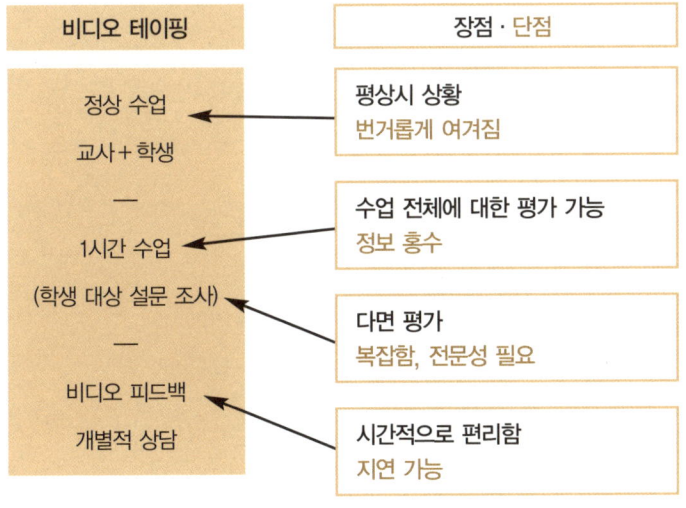

1. 비디오 피드백을 이용한 수업 컨설팅 | 25

교수자가 진행을 맡도록 하는 것이 바람직합니다.

　마이크로 티칭이 끝난 후에 교수자가 컨설턴트에게 일대일 컨설팅을 요청할 수도 있습니다. 그래서 이 책은 주로 앞서 말한 두 번째 비디오 피드백 방식인 비디오 테이핑을 염두에 두고 준비했습니다(이후의 내용에서는 '비디오 테이핑'을 '비디오 피드백'으로 통일합니다).

　어느 방법을 택하든 참여하는 교수자는 자신의 수업을 다른 사람에게 공개해 지적을 받게 되고 자신의 수업에 대한 환상이 무참히 깨지는 순간을 경험하기 때문에 큰 부담을 느끼게 됩니다. 그래서 컨설턴트는 이 책에 제시된 수업 컨설팅 원칙을 알고 반드시 고수해야 합니다.

수업 평가와 교수자 평가는 다르다

　수업 컨설팅은 말 그대로 수업에 대한 컨설팅입니다. 처음부터 끝까지 수업에 초점을 맞추어야 합니다. 물론 수업의 핵심은 선생님과 학생의 관계라고 했습니다. 그래서 컨설팅할 때에 선생님과 학생의 모습에 대해서 유난히 많은 대화가 오가게 됩니다. 때문에 수업 컨설팅이 '교수자에 대한 컨설팅'으로 쉽게 변질될 수 있습니다.

　교수자가 학교에서 보내는 시간이 많다고는 하지만 수업이 교수자가 하는 일의 전부가 아닙니다. 중·고등학교의 경우, 수업 시간은 교수자가 학교에서 보내는 시간의 절반 정도입니다. 나머지 시간에는 수업 준비를 비롯한 위원회 활동, 다양한 학교 사업과 관련된 업무와 학생 지도 등 여러 활동을 합니다. 수업 시간 하나만 보고 그 모습이 선생님의 대표적인 모습이라고 여기지 않도록 조심해야 합니다.

　힘없는 선생님의 수업을 보고 "선생님은 열정이 없다"고 단정하거나 수업을 재미있게 하려고 장난치는 모습을 보고 "선생님은 코미디언이다"라고 말하는 것은 부적절합니다. 순간의 모습을 보고 전부인 것처럼 평가하는 것은 컨설턴트가 저지르지 말아야 할 가장 큰 오류입니다.

　제가 아무리 '최고의 교수'로 많은 상을 받아도 수업 시간에 조는 학생은 반드시 있습니다. 비디오에 그 학생이 부각되면 저는 영락없이 지겨운 수업을 하는 실력 없는 교수로 낙인 찍혀도 할말이 없는 억울한 처지에 놓이게 되겠지요.

　유난히 판서를 많이 하는 날도 있습니다. 그렇다고 제가 다른 수업 도구를 사용하지 못하거나 게을러서 사용하지 않는다고 판단하는 것도 오류일 것입니다.

제가 학생들에게 아무런 질문도 받지 않고 일방적으로 강의만 하는 수업 시간도 있습니다. 그 장면이 비디오에 잡히면 저는 학생의 참여를 이끌어내지 못하는 따분한 교수자라고 평가받을 수도 있습니다.

수업 컨설팅은 지극히 작은 정보에 의존하면서 다른 사람의 자존심을 가장 크게 자극하는 일입니다. 컨설턴트는 '내가 잘못 판단할 수 있다'는 생각을 항상 염두에 두어야 합니다. 그래서 단점을 지적할 때에는 노골적으로 지적하지 말고 먼저 질문으로 유도해야 합니다.

EBS 다큐멘터리에서 예를 들어보겠습니다. 교수자가 수업 시간에 수업과 전혀 관계없는 노래를 부르는 것은 이상하지요. 하지만 저는 문제라고 확정하기 전에 질문을 먼저 했습니다. "질문 하나 할게요. 노래는 왜 부르셨어요?" 정말 알고 싶어서 물었습니다.

그리고 선생님이 학생에게 가볍게 거짓 약속을 하고, 그것을 믿었던 학생에게 "낚였다"고 말했을 때에 학생이 실망하는 모습이 화면에 잡혔습니다. 제 눈에만 학생의 불신 어린 표정만 보인 것일 수도 있습니다. 그래서 물었습니다. "혹시 그것을 의식하고 계세요?", "선생님께서는 어떻게 보셨어요?" 선생님이 모르고 있었으리라고 단정하지 않았습니다.

학생과 눈을 마주치지 않는 장면을 여러 차례 보여주어도 전혀 무엇이 잘못되었는지 인지하지 못하는 선생님에게는 이렇게 말했습니다. "선생님하고 학생과의 어떤 대화가 전혀 없는 상황이에요", "그 수업에 학생이 빠져 있어요."

관찰된 '상황'을 언급했고 '그' 수업에서는 그렇게 보였다고 했지, 그게 선생님의 일반적인 모습이라거나 다른 모든 수업에서 그럴 것이라는 식으로 일반화시키거나 확대하여 해석하지 않았습니다. "선생님 눈에는 학생이 안 보이는 모양이네요" 또는 "선생님은 학생과 전혀 대화를 하지 않네요"라며 선생님에 대한 평을 하는 것과는 매우 다릅니다.

선생님이 계속해서 책임을 회피하는 말을 하자 제가 한 말은, "제가 선생님께 들은 이야기는 모두 (선생님이) 이 상황 탓을 하는 것이에요." 제가 선생님의 설명을 잘못 들었을 가능성을 열어두고 있다는 말입니다.

"저희가 도와드릴 것이 없어요." 저는 최후에 판단하고 결정을 했습니다. '선생님은 구제불능'이라고 한 게 아니라 제가 한계에 도달했다는 뜻입니다. 구제불능이었다면 "아무도 도와드릴 수 없어요"라고 말했겠지요. 저 아닌 다른 컨설턴트가 도와줄 수 있는 여지는 남겼습니다.

"어떻게 할까요?", "어떻게 하시겠어요?" 이 역시 저에게 더는 새로운 아이디어가 없지만 선생님의 의견이 있으면 제안해 달라는 요청입니다.

위에 나온 구절들은 한 시간 분량인 다큐멘터리에서 선생님의 단점을 지적할 때 제가 한 말의 전부였습니다. 절대 몇 가지를 고른 것이 아닙니다. 제가 한 말은 처음부터 끝까지 "내가 컨설턴트니 당신보다 우월하고 내 평이 절대적으로 옳으니 내 말대로 하라, 아니면 말고" 식이 아닙니다.

처음부터 끝까지 선생님에 대한 존중과 배려를 잃지 않고, 논의는 관찰된 내용에 초점을 맞추고, 의견을 정중하게 제안했습니다. 물론 성자가 아닌 이상 실수를 하겠지만, 그 역시 권위자가 보이는 추태는 아니어야 합니다.

컨설턴트는 말 한마디 조심스럽게, 의식적으로, 의도를 가지고 해야 합니다. 그럼에도 교수자는 흔히 수업과 자신을 구분하지 않고 수업에 대한 평을 자신에 대한 평으로 받아들입니다. 그래서 컨설턴트는 컨설팅이 '수업'에 대한 컨설팅임을 본인도 매 순간 의식하는 동시에 교수자도 함께 의식할 수 있도록 도와야 합니다.

행동은 의도와 다를 수 있다

　EBS 다큐프라임 〈우리 선생님이 달라졌어요〉에 출연한 다섯 선생님을 보면서 시청자들은 "그들이 충분히 이해된다"는 공감에서부터 "어떻게 그럴 수가 있나!" 하는 탄식까지, 혹은 애틋함에서 불쾌함까지 다양한 반응을 보였을 것입니다.

　모두 같은 영상을 보았지만, 그 해석과 느낌은 전혀 다를 수 있습니다. 시청자가 학교 현장과 촬영 배경을 어느 정도 알고 있는지, 사전 지식의 정도 또는 경험의 유사성에 따라 이해도와 감정은 확연히 다를 수밖에 없습니다. 그래서 화면에 비친 모습만으로 그 사람을 확고하게 평가하는 것은 지극히 위험합니다.

　같은 이유로 수업 컨설턴트가 교수자의 행동만 보고서 그들의 의도를 지레짐작하는 것은 위험합니다. 예를 들어 수업 시간에 노래를 부르며 시간을 허비했던 김기형 선생님의 의도는 학생들의 지루함을 달래주려던 것이었습니다. 김 선생님께서 교수법에 무관심했기 때문에 부족한 모습을 보였던 것이 아니라 '수업은 즐거워야 한다'는 교수법에 너무 치중한 나머지, 잠시 핵심을 잊은 것이었습니다. 그저 즐거움만 있고 핵심인 수업이 빠진 상황이었습니다. 비록 행동은 잘못되었으나 의도는 진심으로 학생을 위하려던 것이었습니다.

　학생들을 차갑게 대했던 이정숙 선생님은 '교사는 당연히 학생들과 거리를 두어야 한다'는 잘못된 교사관을 지녔을 뿐이었습니다. 사실 이 선생님은 학생들을 무척 사랑해서 쉬는 시간에는 학생들과 거리낌 없이 잘 어울렸습니다. 수업 시간에 교사의 권위를 유지하면서도 이러한 천성을 어떻게 발휘할 수 있을지에 대한 경험과 기술 부족에서 나타난 현상이었습니다. 저는 이정숙 선생님이야말로 최고의 초등학교 교사가 되는데 충분한 자질을 갖추었다고 생각합니다.

유선희 선생님은 체육 선생님으로서 질서와 절제, 자기 관리를 중요하게 여겼습니다. 그래서 선생님은 그렇지 않은 학생들을 도와주고 싶었지만 한두 명이 아니었고, 지원할 수 있는 자원도 여러 가지로 부족한 차원이었습니다.

결국 점차 에너지가 고갈되었습니다. 마음은 굴뚝같은데 몸이 더는 따라주지 않았습니다. 유선희 선생님은 아기의 선함과 착함을 그대로 유지하신 분이었습니다. 누적된 피로와 스트레스 때문에 행동이 의도와 전혀 다른 모습으로 나타나게 되었던 경우입니다.

송현숙 선생님은 특별히 기억에 남는 선생님을 만나지 못한 '불운아'였습니다. 오히려 불공평하고 불공정한 선생님을 만났기에 '나는 그런 교사가 되지 말아야지' 하는 생각을 품게 되었고, 교사가 된 후에는 수많은 연수를 받으며 상당히 폭넓은 교수법 지식을 익히게 되었습니다.

송현숙 선생님은 스스로 열심히 하면 될 것이라는 이상적인 생각에 현실을 감당하기 벅찼습니다. 학생들에게 자신이 받지 못했던 공정한 사랑과 관심을 베풀고 싶었지만 마음대로 되지 않는 게 속상했고 화가 났던 것입니다. "내 의도는 이게 아닌데……. 내 마음은 이렇지 않은데……" 하면서 의도와 결과의 차이에 매우 힘들어했습니다. 겉으로는 나타나는 행동으로는 마치 실력 없는 교사였지만 교수법에 대한 지식과 의도만큼은 유능하고 우수한 교사 못지않았던 것입니다.

이제 행동을 의도한 바와 일치시키는 능력을 어느 정도 길렀기 때문에 조금만 더 마음을 안정시킨다면 이른 시일 내로 크게 발전할 선생님이라고 굳게 믿습니다.

심유미 선생님은 초등학교 1학년 때에 만난 선생님 때문에 그때부터 교사가 되려는 꿈을 이룬 성공 사례였습니다. 그러나 자신도 모르는 사이에 교사의 소임은 학생의 성적을 끌어올리는 것이라 믿게 되었습니다.

그래서 학생들을 꾸짖고, 온갖 회유와 으름장을 동원해서라도 학생을 공부하도록 해서 성적을 올리는 '공부의 신'이 되어갔습니다. 본인의 천성과 본심은 뒷전으로 하고 학생들을 공부하도록 하는 것이 자신의 임무라고 믿었습니다. 그렇게 할 수 있는 교사가 카리스마 있는 유능한 교사라는 잘못된 교사관을 지녔던 것입니다.

그러나 심유미 선생님의 천성은 부드러웠고 본심은 맑았습니다. 어린 시절을 시골에서 보내어서인지 순수하고 순박한 면이 있었습니다. 예의도 바르고, 중심도 있고, 사랑도 많은 아름다운 사람입니다. 그래서 수업 컨설팅을 받고 난 후 심 선생님은 활짝 웃으며 "나를 찾은 것 같아서 행복하네요"라고 말했습니다. 선생님께서 찾았다는 '나'는 심유미 선생님의 진정한 본래 모습입니다.

이렇게 순수하고 진심 어린 의도를 지닌 교사들을 단 10~20분으로 편집된 수업 장면을 보고 그들의 인격을 논하고 자질과 실력을 평하는 것은 지극히 위험한 것입니다. 행동을 보고 의도를 유추하고 지레짐작하더라도 결론은 끝까지 유보해야 합니다. 그리고 매 순간 정보를 수집하여 새롭게 볼 수 있는 눈을 키워야 합니다.

수업 컨설턴트는 매 순간 열린 마음으로, 배우는 자세로, 교수자를 존중하는 마음을 한순간도 잃지 않도록 애써야 합니다.

전문가의 컨설팅이 필요한 이유

비디오 피드백을 할 때 교수자의 일거수일투족을 분석하게 됩니다. 비디오에는 손을 들거나 발을 움직이는 사소한 동작 하나하나까지도 다 보입니다. 몸동작과 더불어 교수자가 쓰는 도구는 가장 쉽게 눈에 보이고 교수자의 목소리는 가장 쉽게 귀에 들려옵니다. 조금 더 신경을 쓰면 교수자가 어떻게 수업을 구성했는지, 어떻게 수업을 진행하는지가 보입니다. 마지막으로 교수자가 학생들과 어떤 관계를 형성하고 있는지가 보입니다.

저는 비디오 피드백의 난이도를 세 단계로 나눕니다. 첫 단계로 목소리, 몸동작, 도구 사용하기에 대한 장·단점은 교수자 스스로도 충분히 발견할 수 있습니다. 비디오를 혼자 보게 해도 발전이 있을 것입니다.

두 번째는 수업 진행과 수업 구성입니다. 이 부분은 스스로 발견하기가 쉽지 않기 때문에 평소에 수업 잘하기로 소문난 선생님, 또는 가장 존경하는 선생님과 함께 관찰하고 피드백을 받는 것이 좋습니다. 즉, 전문 컨설턴트가 꼭 필요하지는 않습니다.

목소리, 몸동작, 도구 사용하기는 구체적이고 서로 독립적인 행동이기 때문에 개별적으로 관찰하고 분석하고 평가할 수 있습니다. 그러나 수업 구성과 진행은 모두 연계되어 있기 때문에 분석이 깔끔하게 요약되지 않습니다. 수업 구성과 진행은 계획과 실행의 관계와 유사합니다. 아무리 계획이 잘 되었다고 해도 실행 단계에서 부족하면 계획마저 잘못된 것처럼 보일 테지요. 그래서 컨설턴트는 비디오에 잡힌 모습(결과)을 보고 교수자의 의도와 사전에 준비한 사항을 추론하는 행위는 지양해야 합니다.

세 번째 단계는 선생님이 학생들과 어떠한 관계를 맺고 유지하면서 수업을 하고 있는가에 대한 분석이며, 이는 상당히 복잡할 수 있습니다.

관계의 단서는 목소리와 몸동작에서도 찾을 수 있고, 수업 구성과 진행 부분에서도 찾을 수 있습니다. 그래서 굳이 따로 항목을 만들 필요가 없을 정도로 광범위하게 퍼져 있습니다. 오히려 너무 많아서 단서가 일관되는 것과 대치되는 것이 혼재되어 나타납니다. 학생과의 관계에 대한 단서가 모든 비디오 피드백 분야에 걸쳐 존재하기 때문에 전문 컨설턴트의 개입이 필요할 수 있습니다.

전문가의 개입이 필요한 이유가 하나 더 있습니다. 목소리, 몸동작, 도구 사용하기, 수업 구성과 진행 등 기술에 관한 이야기는 동료끼리 대화를 나누고 논의할 수 있습니다. 그러나 학생들과의 관계 부분은 교수자의 행동에서 교수자의 마음가짐과 태도(가치관과 철학)로 연결시켜야 하는 것입니다. 매우 민감할 수밖에 없는 부분일뿐더러 백 퍼센트 확실한 근거가 아니라 비디오에 보이는 행동으로 남의 머릿속과 마음속을 추측하는 일종의 어설픈 보외법(외삽법)이 동원되는 분석이기에 매우 쉽게 논쟁으로 이어집니다. 그렇게 될 바에 비디오 피드백을 하지 않는 게 더 낫습니다.

또한 관찰해야 하는 부분이 학생과의 관계인데 카메라는 주로 교수자 쪽으로 향하고 비디오에는 교수자의 행동만 녹화되어 있습니다. 관계의 상호작용에 대해 분석을 하는데 한쪽만 관찰해서는 올바른 결론을 내리기 어렵습니다. 비록 학생의 모습이 동시에 카메라에 잡혔다 해도 그 학생에 관한 '역사'와 '배경'을 모르면서 교수자의 구체적인 행동을 지적하기란 쉽지 않지요.

이러한 이유로 자칭 교수법 '전문가', '컨설턴트'라고 하는 분 중에도 학생들과의 관계까지 제대로 분석하는 이는 극히 드물 것입니다.

학생들과의 관계를 어렵게 하는 두 가지

학생들과의 관계가 원하는 대로 잘 이루어지지 않는 이유는 각양각색일 테지만 저는 크게 두 가지로 구분합니다. 바로 교수자의 잘못된 교육관과 잘못된 학생관입니다.

여기에 학생은 쏙 빠져 있습니다. 그래서 "아니, 어째서 모두 선생님 탓이야!"하고 항의할 수 있겠습니다. 저는 "아이는 어른이 하기 나름이다"라는 기본 철학을 전제로 하기 때문에 선생님이 더 큰 영향력을 가지고 있다고 믿습니다. 즉, 학생과 선생님 둘 중 더 큰 존재는 선생님이란 뜻입니다.

마침 EBS 다큐멘터리에 두 가지가 모두 등장하였습니다. 먼저 '설명의 달인'이셨던 심 선생님은 잘못된 교육관을 지닌 경우였습니다. 선생님은 교육을 지식 전달에 국한하였습니다. 그래서 학생들의 성적을 올리기 위해 학생을 심하게 꾸짖기도 하고 심지어 놀리기도 했습니다. 학생들은 언제 선생님에게 공격을 받거나 놀림을 당할지 모르니 공부는 열심히 했지만 선생님을 신뢰하거나 존경하지 않았습니다. 그러나 선생님이 진정 학생들에게 원했던 것은 사랑이었습니다.

다른 한 분은 정말 좋은 교사가 되고자 교원 연수를 열심히 받으면서 다양한 교수법을 확보해 놓았습니다. 학기가 시작되면서 이상적인 수업을 할 수 있을 거라는 기대에 부풀어 있었지만, 교실 분위기는 상상 밖이었습니다. 교사의 말을 듣지 않는 '문제아'가 많았습니다. 그래서 이 선생님은 이상과 현실 사이의 괴리에 기운을 잃고 있었습니다.

선생님이 준비해 왔던 수업은 '천사' 같은 학생들을 전제로 한 것이었습니다. '그렇지 않은 학생은 학생도 아니다!'라는 잘못된 학생관을 가졌던 것입니다. 많은 학생들이 선생님의 마음을 알아주지 않으니 밉고 야속하게 여겨진 것입니다.

이처럼 잘못된 교육관과 학생관은 학생과의 관계를 비정상적으로 만들어버립니다. 믿음, 사랑, 이해, 용서, 배려, 고마움이 없는 인간관계는 병든 관계입니다. 병든 관계에서 훌륭한 결실이 맺어질 것을 기대할 수는 없습니다. 그래서 마이크로 티칭 연수에 이어서 감정 코칭 연수를 실시하게 된 것입니다.

눈에 보이는 말하기나 몸동작, 도구 사용하기 등은 집안 가구에, 학생과의 관계는 눈에 안 보이는 상하수도에 해당합니다. 헌 가구를 내다 버리고 새 가구를 들여오는 것은 낡은 상하수도를 리모델링하는 것에 비하면 식은 죽 먹기지요. 감정 코칭은 인간관계의 상하수도를 리모델링하는 작업과 유사합니다. 제대로 하자면 각자 마음속 깊은 곳에 숨겨놓은 감정 찌꺼기를 처리해야 마무리되는 작업입니다.

학생과의 관계가 좋았지만 수업 기술이 조금 부족했던 선생님의 수업이 가장 빨리 개선되었고, 수업 기술은 훌륭했지만 학생과의 관계에 하자가 있던 선생님의 수업이 가장 늦게 개선된 것은 우연이 아닙니다.

머리말에 "수업 컨설팅을 잘하려면 교수자의 마음을 읽는 것이 아니고 이해하는 것입니다. 남의 마음 읽기 위해서는 상대를 관찰하는 것으로 충분하지만, 이해를 한다는 것은 상대의 입장에 서서 모든 것을 볼 수 있는 능력이 필요하기 때문이지요"라고 했습니다. 감정 코칭법을 배우고 실천하면 유능한 컨설턴트가 되기 위한 기반을 마련할 수 있을 것입니다.

최고의 교수자와
최고의 수업 컨설턴트는 다르다

본인이 우수한 교수자라고 저절로 우수한 수업 컨설턴트가 되는 게 아닙니다. 최고의 운동선수가 최고의 감독이 되지 않는 이치와 같습니다. 본인이 잘하는 것과 남이 잘하게 하는 것은 다른 능력이기 때문입니다.

이 시점에 개인적인 이야기를 조금 하자면 저는 공대 교수로서 최우수 교수로 많은 상을 받는 행운을 얻었습니다. 그러다가 학습센터장과 학생성공센터를 운영하게 되면서 상담법도 배우게 되었습니다. 그 후로는 옴부즈맨이 되어 교직원을 상담해 주는 일을 오래 하게 되었습니다. 이론과 경험을 지녔기 때문에 심리상담을 훈련시킬 수 있는 수련 감독증까지 보유하게 되었습니다.

대학에서의 경험이 전부여서 처음에는 교수를 대상으로 한 강의 컨설팅 연수만 했습니다. 그러다 차츰 일선 교사의 세계를 접하게 되었습니다. 미국에 있을 때 교육과학기술부와 서울시 교육청에서 수년간 매해 수십 명의 초·중·고 교사를 제게 보냈습니다. 한국에 돌아온 후에는 중학교와 Wee센터(위기 학생 심리 상담 센터)를 직접 운영하면서 한국 학교를 경험했습니다. 그래서 이제 대학에서의 강의 컨설팅 경험을 초·중·고등학교 실정에 맞는 수업 컨설팅으로 확장할 수 있게 되었습니다.

즉, 제가 교수라는 명분 하나로 수업 컨설팅에 대한 책을 쓰는 게 아닙니다. 컨설팅과 수업은 유사한 점이 많지만 완전히 같지는 않습니다. 수업 컨설턴트는 수업 컨설팅에 대한 지식을 추가로 지녀야 합니다. 이제 컨설팅의 원칙을 말씀 드리겠습니다.

2
수업 컨설턴트를 위한 비디오 피드백 상담 원칙

수업 컨설턴트가 지켜야 할 12원칙

이 장에서는 수업 컨설턴트가 지켜야 할 열두 가지 원칙을 제시하고 있습니다. 먼저 '비디오 피드백'이란 도구를 이용한 수업 컨설팅에서 '비디오 피드백'이라는 독특한 상담 도구가 최대 효과를 발휘하게끔 컨설턴트가 꼭 지켜야 할 핵심 네 가지를 소개하겠습니다.

이어 컨설턴트가 하지 말아야 할 금기 네 가지를 나열하겠습니다. 대개 컨설턴트의 의도와 어투에 대한 것으로 이것을 어기면 역효과를 가져오기 때문에 상담 서비스 사업이 교수자로부터 외면받게 될 것입니다.

마지막으로 컨설턴트가 해야 하는 기본 네 가지를 권장하고 있습니다. 이 역시 컨설턴트의 의도와 어투에 대한 것입니다.

금기 네 가지와 기본 네 가지는 상담할 때만 해당하는 것이 아니고 컨설팅에 소속된 일원 모두가 지켜야 합니다. 컨설턴트들끼리 대화를 나눌 때, 사업을 논할 적에도 상담 원칙을 지키도록 노력해야 합니다. 그리하여 원칙과 금기, 기본이 빚는 희망이 수업 컨설팅 활동에 공기처럼 널리 퍼져야 합니다.

비디오 피드백 상담의 핵심 4가지

수업 컨설팅은 불순한 청소년을 잡아다가 훈계하는 청소년 지도 상담과 다릅니다. 수업 컨설팅은 교수자가 진정 컨설팅의 가치를 믿고 원할 때 효과를 발휘합니다. 그래서 첫 번째 핵심은 교수자의 자발적 참여를 유도하는 것입니다.

이 책에 제시되는 수업 컨설팅은 '비디오 피드백'이라는 시각적 도구를 사용합니다. '백문불여일견'이란 말이 있듯이 눈으로 직접 보고 확인할 수 있는, 엄청난 위력을 발휘하는 도구입니다. 그러니 컨설팅을 할 때에는 다른 말이 필요하지 않습니다. 관찰할 때 컨설턴트는 중립을 지키는 것이 현명합니다.

컨설턴트가 해야 하는 일은 교수자 스스로 자신이 발전해야 하는 부분을 진단하도록 유도하는 것입니다. 남이 들추어낸 자신의 단점을 인정하기 싫은 것이 사람 마음이지요. 하지만 자신이 발견한 단점은 마음 깊이 아프게 파고들 것이며, 고쳐야겠다는 마음 다짐은 곧 행동으로 나타나게 됩니다.

수업 컨설팅의 효력을 최대한으로 발휘하려면 교수자가 컨설팅 경험이 좋았다고 긍정적으로 느껴야 합니다. 수업 컨설팅을 하러 방문하는 것이 충치를 빼려고 치과에 가듯 꺼려지고 뒷걸음쳐져서는 안 됩니다. 빼고 나면 시원하게 느껴지더라도 다음 방문 역시 피하고 싶은 곳이 치과 아닙니까.

'새 시대 교수법' 컨설팅은 아무쪼록 다음 방문이 기다려지는 긍정적 경험이 되어야 합니다.

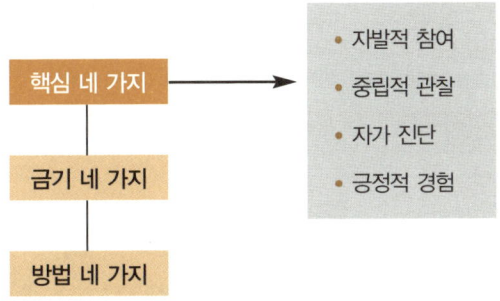

자발적 참여

먼저 컨설팅에 당연히 포함되는 활동은 '평가'라는 점을 지적하고 싶습니다. 또 평가를 하는 목적은 크게 두 가지입니다. 첫째는 교수자 스스로 수업을 더 잘 하려고 수업 피드백을 얻기 위한 발전지향적 목적(formative evaluation)이고, 둘째는 교수자의 능력과 기여도를 점수로 환산하여 승진과 같은 인사 결정에 반영하기 위한 평가지향적 목적(summative evaluation)입니다. 저는 수업 컨설팅의 목적이 발전지향적이 되어야 한다고 믿습니다. 평가지향적 수업 컨설팅이 되는 순간 발전지향적 목적을 이루기를 거의 포기해야 합니다.

수업 컨설팅의 결과가 점수로 환산되는 경우, 교수자는 수업 컨설팅의 질적 평가보다는 양적 평가에 가장 민감하게 반응을 보이게 됩니다. 높은 평가를 받은 교수자는 평가를 신뢰하고, 다음 평가를 더 잘 받기 위해 노력을 합니다.

그 반대로 평가가 좋지 못한 교수자는 점수를 보는 순간 자존심도 상하고 원인을 자신 이외의 다른 요인으로 돌리려고 합니다. 그리고 평가자(컨설턴트)에 대한 전문성과 신뢰도를 의심하면서 평가를 받아들이지 않는 경향이 두드러집니다. 따라서 점점 더 실력이 향상하는 교수자가 있는 반면 점점 더 퇴보하는 교수자가 생길 수도 있습니다. 결국 학교 전체로 보면 제로섬이며 더 큰 문제를 야기할 수 있는 양극화 현상으로 이어질 수 있습니다.

수업 컨설팅의 목적이 교수자의 교수법 기술을 향상하는 것이라면 수업 컨설팅과 관련된 행정적 절차와 과정에 대한 답이 자동으로 이어집니다. 예를 들어 첫째, 컨설팅은 행정에서 완전히 독립되어 컨설팅 내용이나 결과가 인사 결정과는 철저히 무관해야 합니다. 둘째, 교수자의 비밀을 완벽히 지켜주어서 컨설팅 내용이나 결과를 컨설턴트와 교수자 외에는 볼 수 없게 해야 하며, 그것이 절대로 행정실로 넘겨져서는 안 됩니다. 셋째, 자발적 참여가 기본이 되어야 합니다.

그러나 자발적 참여는 어렵습니다. 그래서 리더십이 필요합니다. 학교장이 적극적으로 나서서 교수자가 스스로 컨설팅을 원하도록 유도해야 합니다. 이 경우 컨설팅 서비스를 모든 교수자에게 권유해야 합니다. 문제가 있는 교수자에게만 권유하는 것이 아니라 적극적인 행정적 지원이 컨설팅의 장기적 성패를 가름할 것입니다.

때에 따라 피동적이나 '준'자발적으로 컨설팅을 받기도 합니다. 교수자가 학교장이나 재단의 권유로 컨설팅을 신청하는 경우, 신임교원 오리엔테이션의 일부로 포함된 수업 컨설팅에 교수자가 준비 없이 참여하는 경우 또는 교원이 고용조건을 충족하기 위해 억지로 컨설팅하는 경우입니다. 이미 마음이 굳게 닫힌 교수자에게 상담을 해준들 조언이 제대로 들리지 않을 것입니다. 컨설팅 과정 그 자체가 모두에게 매우 불편하고 불쾌한 경험이 될 확률이 높습니다. 이런 경우 컨설턴트가 각별히 신경 써야 합니다.

비록 컨설팅의 시작은 자발적이지 않더라도 컨설팅 과정을 거치면서 교수자가 컨설팅의 가치를 인식하고 적극적으로 참여하도록 유도해야 합니다. 이것은 컨설턴트의 능력에 달렸습니다. 컨설턴트가 지속적으로 자신의 능력을 향상시켜야 자발적이지 않은 상황에서도 교수자에게 도움이 되는 컨설팅 경험을 만들어 줄 수 있습니다.

중립적 관찰

비디오 모니터에 나타난 교수자와 학생들의 모습을 지적하고 논의하는 것이 컨설팅의 가장 흔한 모습입니다. 컨설턴트는 관찰된 행위가 어떤 뜻을 지니는지, 그런 행위가 어떤 결과를 초래할지, 좋다 나쁘다는 등의 코멘트를 하지 말아야 합니다. 즉, 행위에 대한 가치 판단을 하지 말고 중립적 자세를 지켜야 한다는 것입니다.

물론 컨설턴트가 교수자의 행동을 지적할 때는 특별한 이유가 있기 때문입니다. 지적된 행동이 교수자의 장점이거나 단점일 것입니다. 그래서 지적을 할 때 비록 말은 중립적이라도 표정이나 어투에 컨설턴트의 판단이 드러날 수 있습니다. 따라서 비구어적 메시지에도 특히 주의를 기울여야 합니다.

그렇다고 해서 도무지 무슨 패를 들었는지 알 수 없는 도박꾼 얼굴 같이 무표정을 지으라는 말은 아닙니다. 컨설턴트가 어떤 행동을 지적하면 교수자는 그것이 왜 지적되었는지 눈치채어도 좋습니다. 아니, 오히려 눈치채야 합니다. 그래야 세 번째 핵심 원칙인 '자가 진단'이 가능하기 때문이지요. 중요한 점은 '점수 패'를 들지 말아야 하다는 것입니다.

컨설턴트는 교수자의 행동을 절대로 점수로 환산하지 않아야 합니다. 컨설팅을 하다 보면 평을 하게 되지만 평점을 매기는 행위는 하지 말아야 합니다. 행동을 하나의 점수로 일축하고 결론짓는 것은 컨설턴트가 하는 일이 아닙니다. 평을 하되 서술적인 평이어야 합니다.

수업 컨설팅에는 결론이 없고 과정만이 존재합니다. 의논과 제안과 설명이라는 과정이 컨설팅의 중심이 되어야 합니다. 결론을 내려야 한다면 중립을 지킬 수 없습니다.

자가 진단

초보 컨설턴트는 교수자의 장·단점을 발견하고 지적해 줍니다. 노련한 컨설턴트는 교수자 스스로 자신의 장·단점을 발견하게끔 유도합니다.

컨설턴트의 주요 역할은 교수자가 스스로 장·단점을 발견할 수 있도록 도와주는 것입니다. 컨설턴트는 교수자의 행동을 지적하되 교수자 스스로 자신의 행동에서 자신의 교육 철학, 의도, 생각과 느낌을 찾아내고 서로 연관지을 수 있도록 도와야 합니다.

다행히도 노련한 컨설턴트가 되기 위해 조금만 노력하면 됩니다. 비디오가 장·단점을 잘 보여주기 때문입니다. 오히려 단점을 너무 적나라하게 보여 주여 교수자가 민망하지 않도록 배려해 줄 필요가 있을 것입니다.

또 하나 다행스러운 점은 컨설턴트와 교수자가 서로 말똥말똥 쳐다보면서 상대가 먼저 말하기를 기다리는 경우는 극히 드물 것입니다. 4장에 제시된 컨설팅 절차를 따르면 교수자는 스스로 말을 많이 하게끔 되어있기 때문입니다.

특히 수업에 문제가 많은 교수자일수록 오히려 말이 많은 경우가 흔합니다. 자기 방어적 핑계, 또는 왜 좋은 수업을 할 수 없는가에 대한 남탓, 열악한 교실과 학교 환경에 대한 불평, 수업 준비를 제대로 할 수 없을 정도로 잡무를 잔뜩 맡기는 부장 선생님과 교장에 대한 불만이 쏟아져 나올 수도 있습니다. 따라서 컨설턴트는 교수자의 말이 의미 없는 잡담이나 수업 질 향상에 전혀 도움이 되지 않는 방향으로 흘러가지 않도록 조정해야 합니다.

컨설팅이 수업에 관한 논의로 집중 시켜주는 도구가 '자가 진단표(부록 샘플 참조)'입니다. 비디오를 시청하면서 교수자는 자가 진단표의 나열된 항목을 주시하도록 하고 이에 대해 논의하도록 합니다. 이 외에 주제에 대한 말이 나오면 자연스럽게 자가 진단표의 항목으로 되돌아 가도록 하기 쉽습니다.

'자가 진단표'는 관찰 항목에 점수로 표기하도록 되어 있습니다. 앞장에서 "평점을 매기지 말아야 한다"고 한 말은 컨설턴트가 하지 말아야 하는 사항입니다. ('자가 진단표'의 평점은 교수자가 스스로 점수를 매긴다는 점을 미리 밝힙니다.) 교수자가 스스로 관찰해야 하는 항목에 점수를 매기도록 하는 이유가 여럿 있습니다.

첫째, 교수자가 점수를 매겨야 하는 경우에는 그저 좋다, 부족하다 정도로 판단해야 하는 경우보다 훨씬 더 주의 있게 관찰하게 되고 좀 더 신중하게 고려하게 됩니다. 생각을 깊게 하도록 유도합니다.

둘째, 교수자가 매긴 평점을 보면 교수자가 스스로 발견한 본인의 장·단점과 전혀 인식하지 못한 장·단점을 가려낼 수 있기 때문에 컨설턴트가 효과적인 컨설팅 전략을 세울 수 있게 됩니다.

셋째, 대부분의 교수자는 겸손하기 때문에 점수를 스스로 후하게 주지 않습니다. 따라서 컨설턴트가 좀 더 긍정적인 차원에서 컨설팅을 이끌어 갈 수 있는 여지가 생깁니다.

넷째, 교수자가 자신의 단점을 종이에 기록하게 하여 확실히 인정하게 하는 효과를 거두게 합니다. 컨설턴트가 중립적이고 관찰자의 역할을 좀 더 수월하게 해낼 수 있는 기반을 마련해 줍니다.

컨설턴트는 자가 진단에서 장·단점 지적이 어느 한쪽으로 치우치지 않아야 합니다. 단점에 대한 분석이 좌절감에 머물지 않게 해야 합니다. 바람직한 방향이란 앞서 말한 희망이 있는 쪽입니다. 그러니 가장 중요한 것은 컨설팅의 핵심 네 가지의 마지막인 '긍정적인 면에 초점 맞추기'입니다.

긍정적 경험

'컨설팅을 신청한 이유는 수업에 문제가 있거나 뭔가 더 발전하기 위한 것이다. 그러므로 컨설턴트의 역할은 교수자의 단점을 발견해 주고 발전 방법과 기술을 알려주는 것이다.'

컨설턴트나 컨설팅을 원하는 교수자 모두 이렇게 생각하기 쉽습니다. 하지만 이것은 지극히 단순한 생각입니다. '새 시대 교수법' 컨설턴트는 더 높은 차원으로 생각합니다.

'컨설팅을 신청한 이유는 수업에 문제가 있거나 뭔가 더 발전하기 위한 것이다. 그러므로 컨설턴트의 역할은 교수자의 장점을 발견해 주어 스스로 발전할 수 있는 힘과 희망을 주는 것이다.'

일반적으로 사람들은 남의 단점을 무척 잘 발견합니다. 이와 반대로 남의 장점을 찾는 데는 인색하거나 힘들어합니다. 특히 교육자에게 이런 성향이 두드러집니다. 타고난 기질의 문제가 아니라 교육자 생활을 하다 보면 단점에 초점을 맞추는 습관이 몸에 배기 때문이지요.

시험 답지를 채점할 때 어디가 틀렸는가를 애써 찾아내야 하고, 보고서와 논문을 읽을 때는 오타는 물론이고 앞뒤가 맞지 않는 문맥, 논리가 잘못된 인용 등을 잡아내야 하지 않습니까? 그리고 가르친다는 행위가 지식의 부족함(단점)을 충족시키는 것으로 너무 오래 인식되어 왔기 때문이기도 합니다.

이런 인식이 구시대에는 적합했을지 몰라도 정보화와 지식 창출 시대라고 하는 새 시대에는 걸맞지 않습니다.

'새 시대 교수법' 컨설턴트는 교수자의 단점을 찾아주기보다는 장점을 찾아준다는 태도를 취합니다. 따라서 남의 장점을 찾는 기술을 배우고 그런 습관을 길러야 합니다.

새로운 습관을 들이기 위해서 특별한 계기가 필요하지는 않습니다. 지금부터 시작하는 것입니다. 오늘부터 자신과 동료, 가족, 친구의 장점을 찾아보십시오. 그리고 자신이 속한 기관의 장점과 자신이 놓인 상황의 장점도 찾아보십시오.

비디오 피드백 상담의 금기 4가지

컨설턴트가 컨설팅할 때 설교, 논쟁, 충고와 협박은 마치 독을 피하듯이 해야 합니다. 독은 조금만 복용해도 순식간에 온몸으로 퍼지고 한번 퍼진 독은 다시 뽑아낼 도리가 없습니다. 금기 네 가지도 마찬가지입니다. 순간적으로 잘못 뱉은 충고 때문에 컨설팅은 썰렁한 분위기가 되어 버립니다. 말 한마디가 논쟁으로 번질 수도 있습니다.

컨설턴트가 고의로 설교나 충고, 협박을 하지는 않겠지요. 문제는 컨설팅을 하다 보면 자기도 모르는 사이에 그렇게 하기 쉽다는 것입니다. 또한 컨설턴트는 절대로 그러지 않았다고 생각해도 교수자는 다르게 느낄 수 있습니다. 교수자가 컨설턴트의 말을 들을 때 씁쓸해지거나 기분이 언짢아진다면 비록 설교나 협박이 아니라고 해도 그에 해당하는 결과를 초래합니다.

'새 시대 교수법' 컨설턴트는 다음 네 가지를 금합니다.

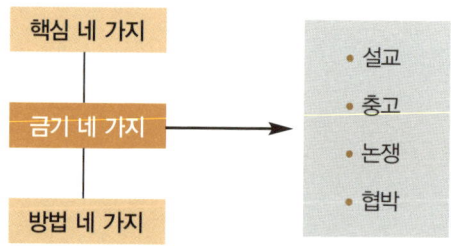

설교

들으면 살이 되고 뼈가 되는 말이 설교입니다. 한편, 듣기 거북하고 따분하고 지겨운 것이 설교이기도 합니다.

듣는 사람이 설교를 기대했을 때 위력을 발휘하지만 그런 것을 기대하지 않았는데 설교를 듣게 되면 일단 기분이 상합니다. 특히 자기와 동등한 위치에 있는 사람에게서 설교를 듣게 되면 영 못마땅하다고 생각할 것입니다.

설교는 자기가 존경하는 사람에게 들어야 소화해 낼 수 있습니다. 그러나 될 수 있으면 컨설턴트의 말이 설교로 들리지 않도록 조심해야 합니다.

> **설교의 예**
> **표현된 말**: 이렇게 하는 것이 매우 중요합니다.
> **내재된 뜻**: 나는 진실을 알고 있다. 나 잘났다.

평상시에는 평범하기 짝이 없는 말이 컨설팅이라는 배경으로 말미암아 쉽게 설교가 되어버릴 수 있습니다. 설교의 특징이 몇 가지 있습니다.

말이 장황하다
이론으로 완벽하게 무장되어 있다
결론이 단호하다
반박의 여지가 없다
일방적이다

과연 자신의 말에는 이런 특징이 없는지 살펴보아야 합니다.

충고

설교와 충고는 비슷합니다. 둘 다 듣는 사람에게 약이 되는 말이라는 점에서는 같습니다. 굳이 구분하자면 설교가 조제된 알약이라면 충고는 따끔한 주사 정도가 되겠지요.

이 비유를 계속해서 말씀드리자면 약은 결국 자기 손으로 집어먹는 것이어서 어느 정도 선택의 여지가 존재합니다. 그러나 주사는 남이 놓는 것이어서 강압적인 요소가 들어 있습니다. 주사는 병원에서 의사가 지시하는 대로 맞습니다. 주사 맞고 기분 좋아하는 사람을 보지 못하듯 충고를 받고 웃을 사람은 없을 것입니다.

비유가 또 하나 더 있습니다. 우리는 급하다고 느끼면 주사를 달게 받습니다. 하지만 별다른 이유 없이 주사를 맞으면 평소보다 훨씬 아프게 느껴지고 기분이 찜찜할 것입니다. 충고 역시 매한가지입니다. 일반적으로 교수자는 자신이 수업을 그런대로 잘하고 있다고 생각하고 있습니다. 그런데 엉뚱하게 날아오는 충고는 '충격'을 안겨줍니다. 혹 떼러 갔다가 혹 하나 더 붙인 기분이 들겠지요.

> **충고의 예**
>
> **표현된 말**: 이렇게 하십시오.
>
> **내재된 뜻**: 잔말 말고 내가 하라는 대로 따라 해.

설교처럼 말에 힘이 잔뜩 들어간 충고도 있지만 넌지시 은은하게 하는 것도 있습니다. 충고를 해야 한다면 은은하게 해야 합니다. 그러나 가급적 컨설턴트가 교수자에서 충고하지 않도록 각별히 신경을 써야 합니다.

논쟁

논쟁이란 꼭 두 사람이 언성을 높이고 서로 옳다고 자기주장을 하는 모습을 일컫는 것만은 아닙니다. 한 사람이 말하고 다른 사람이 조용히 듣고만 있어도 논쟁 중인 경우가 있습니다. 잠자코 듣고만 있는 사람이 입을 다물고 있을 뿐이지 마음속으로 말대꾸하고 있다면 논쟁을 하고 있다고 볼 수 있습니다.

> **논쟁의 예**
> **표현된 말:** 그것이 아니고, 이것입니다.
> **내재된 뜻:** 내가 맞고, 너는 틀렸어.

논쟁의 요소는 '나는 옳고 너는 틀렸다'입니다. 이렇게 노골적으로 말하지 않더라도 이런 이원론적인 대화는 평소에 자주 등장합니다.

이원론이란 인지발달 단계의 최저 단계입니다. 이원론 단계에 있는 사람들은 흑백논리에 젖어 있어 모든 것을 '옳다/그르다'와 '싫다/좋다'로 나누며, 모든 문제에 정답은 하나라고 믿습니다. 불행히 대부분 어른들이 이원론에 머물러 있다는 연구결과가 있습니다.

"이래야 합니다." (그러니 저런 것은 하지 말아야 한다는 뜻)
"이렇게 하는 것이 맞습니다." (그러니 저렇게 하는 것은 틀렸다는 뜻)
"저렇게 하면 안됩니다." (그러니 이렇게 해야 된다는 뜻)

이런 식의 이원론적 대화로 남을 설득하기 어렵습니다. 사람들은 "나는 맞고 너는 틀렸다"는 말을 듣는 순간 자신을 방어하고 싶은 마음이 생겨나기 때문입니다. 방어 자세는 마음을 굳게 닫아버립니다. 그래서 그 다음에 나오는 말을 듣더라도 마음에 새겨지지 않습니다. 교수자가 컨설턴트의 말을 경청하지 않으면 컨설팅은 시간 낭비입니다. 한자 경청(傾聽)에 마음 심(心) 변이 붙어 있습니다. 귀로만 듣는 게 아니라 마음으로 새겨들어야 경청입니다. 상대의 말이 아니라 마음을 듣는 것입니다.

비록 컨설턴트에게 비디오에 나타난 교수자의 모습이 부적절하게 보여도 "나쁘다, 부적절하다, 문제다" 단정짓지 말고 여러 가능성을 열어두어야 합니다.

또한 문제라고 동의한 점에 대해서 한 가지 개선책만 제안하는 것은 바람직하지 않습니다. 왜냐하면 그 제안이 아무리 이론상으로 훌륭한 것이어도 '그' 교수자에게 적합하지 않거나 '그' 교실 상황에서는 부적절할 수 있기 때문입니다.

'그 교수자'와 '그 교실'에 대해 가장 잘 안다고 자부하는 분이 바로 교수자 본인입니다. 그래서 일반적으로 교수자는 컨설턴트의 제안을 의심하고 있다고 보아도 무리가 없습니다. 즉 쉽게 반박이나 반대 의견이 나와 논쟁으로 발전할 확률이 높습니다.

'새 시대 교수법' 컨설턴트에서는 교수법을 많이 습득하여 '여유'를 지녀야 합니다. 그래야 모든 상황을 다양한 각도에서 관찰하고 이해할 수 있게 됩니다. 이러한 능력은 다중성과 상대성이라는 한층 더 높은 인지발달 단계에서 비롯합니다. 컨설턴트는 본인이 먼저 성숙한 인품을 지녀야 하겠습니다.

협박

컨설턴트가 교수자를 협박하는 모습은 도저히 상상할 수 없을 것입니다. 협박이란 '이렇게 하지 않으면 불이익이 있을 것이다'라는 말인데, 컨설팅 상황에서 불이익을 줄 수 없으니까요. 그래서 컨설팅의 금기 네 가지 중 하나를 협박이라고 하기보다는 '주의'라고 하는 것이 적절할지도 모릅니다. 하지만 '주의'라는 단어는 머릿속에 잘 들어오지 않습니다. 따라서 금기를 강조하기 위해 극적인 표현을 사용한 것이니 양해를 바랍니다.

가장 몹쓸 협박의 결과는 인위적인 보복조치입니다. 하지만 구체적이거나 인위적이지는 않아도 좋지 않은 결과를 암시하여 주의를 주는 것도 협박의 종류임이 틀림없습니다.

> **협박의 예**
>
> **표현된 말**: 이렇게 하지 않으시면 좋지 않습니다.
>
> **내재된 뜻**: 내 말대로 하지 않으면 큰일날걸!

협박의 구조는 '윈(win)-루즈(lose)'로 되어 있습니다. "내 말을 따르면 '윈'이요, 따르지 않으면 '루즈'다"가 되겠습니다. 그러나 남의 말을 억지로 따르자니 자신이 한심스럽고, 말을 따르지 않으려니 불안하게 됩니다. 결국 스트레스가 팍 올라가게 됩니다. 교수법 기술을 향상하여 수업에서 받는 스트레스를 줄이자고 컨설팅을 하는데 스트레스가 줄어들기는커녕 오히려 높아집니다. 엎친 데 덮친 격이지요.

'새 시대 교수법' 컨설턴트는 '윈-윈'을 구사합니다. 다음 네 가지 기본이 '윈-윈'의 방법이 되겠습니다.

비디오 피드백 상담 방법 4가지

　금기 네 가지는 컨설턴트가 하지 말아야 하는 행위입니다. 그럼 컨설턴트는 무엇을 어떻게 해야 할까요? 금기 네 가지와 대칭을 이루는 방법 네 가지가 있습니다.

　첫째, 컨설팅 내용은 화려한 설교가 아니라 순수하게 전달하는 식이어야 합니다.

　둘째, 컨설턴트는 교수자에게 직설적으로 충고하기보다는 여러 가지 안을 제의해야 합니다.

　셋째, 컨설팅이 대립적인 논쟁으로 번져서는 안 되고, 우호적 논의로 진행되어야 합니다.

　넷째, 상담자의 어투에서 협박의 기미가 조금도 보여서는 안 되고 처음부터 끝까지 합의를 추구해야 합니다.

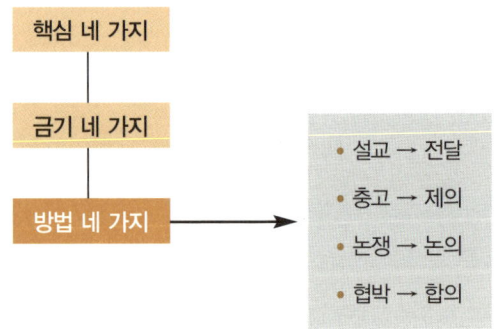

전달

"이 경우 제 경험에 의하면 저렇게 하니까 좋더군요."
"일반적으로 이 경우 저렇게 되고 맙니다."
"대다수 선생님이 이렇게 하고 있는 것 같습니다."

이런 말들은 되도록 하지 마십시오. 개인의 경험에서 비롯한 어설픈 지혜, 근거 없고 두루뭉술한 정보, 눈치로 대략 맞춰본 통계와 같은 방식으로 교수자를 설득할 수는 없습니다.

'새 시대 교수법' 컨설턴트는 확립된 이론과 검증된 연구 결과를 전달해야 합니다. 특히 교수자들은 공부를 많이 한 사람들이기 때문에 컨설팅에서 한 명의 개인 경험이 아니라 다수의 경험이 축적된 지혜와 연구 결과를 듣기 바랄 것입니다.

> **바람직한 전달의 예**
> **표현된 말**: 이런 연구 결과나 방법이 있습니다.
> **내재된 뜻**: 제 편견이나 제 아이디어가 아니고 믿을 수 있는 정보입니다.

이론이나 연구 결과를 제시할 때 음식에 양념을 치듯 조금씩 여기 저기 흩뿌려야 합니다. 아무리 맛있는 양념도 한 숟갈 퍼먹으면 역겹듯이 이론과 연구 결과를 너무 많이 곁들이면 설교가 되어버리기 십상이기 때문입니다.

개인 경험과 편견이 컨설턴트와 교수자 관계를 원활하게 해주는 윤활유 역할을 할 수도 있습니다. 상황에 따라 약간 곁들이면 좋은 효과를 낼 것입니다.

제의

컨설턴트는 교수자에게 좋은 해결책을 알려주고 싶은 마음이 간절합니다. 도와주는 것이 컨설턴트가 해야 하는 일이기도 하지요. 그래서 컨설턴트는 틈만 나면 "이럴 땐 이렇게 하고 저럴 땐 저렇게 하십시오"라고 조언을 하게 될 것입니다. 하지만 앞서 설명했듯이 엉뚱하게도 조언이 교수자에겐 충고로 들릴 수도 있습니다.

컨설팅 내용만큼 중요한 것은 컨설팅 방법입니다. 목표가 아무리 훌륭해도 과정이 바람직하지 않으면 목표를 달성할 수 없지 않겠습니까? 그러니 조언은 하되 의안을 제시하는 편이 안전합니다. 예를 들어 단점을 보완하는 해결책은 제의하는 식으로 말하는 것이 최선입니다.

> **바람직한 제의의 예**
> 표현된 말: 이렇게 하면 어떨까요?
> 내재된 뜻: 선생님의 동의를 구하고자 합니다.

제의는 상대를 존중하는 마음가짐에서 비롯합니다. 경험이 무척 많은 컨설턴트라도 나이 어린 교수자를 대할 때나 원로 선생님을 대할 때나 한결같이 상대를 존중해 주어야 합니다.

"사람은 대개 변해야 한다는 데 이의를 제기하지 않는다. 단, 변화가 어떻게 요구되었는가에 따라 받아들이거나 반항을 한다"는 말이 있습니다. 컨설턴트는 변화를 추구하는 사람입니다. 따라서 이 명언은 컨설턴트가 마음속 깊이 품고 있어야 합니다.

의논

"이렇게 하면 어떨까요?" 하고 해결책을 제시하였습니다. 그런데 반응은 기대를 빗나가고 맙니다. "글쎄요. 그건 제 교실에서는 그리 효과가 없을걸요." 동의 대신 반박이 들어옵니다. 곰곰이 따져본 후 내린 이성적인 결론이 아니고 감정적인 반사 작용 같습니다. 이럴 때에는 어떻게 해야 할까요? 자칫 잘못하면 네 가지 금기 중에 하나인 논쟁으로 빠지기 쉽습니다.

이럴 때 "아닐 겁니다. 해보면 효과가 있을 겁니다"라고 대답하면 곧바로 논쟁으로 빠지게 될 것이 뻔합니다. 자신의 주장을 내세우는 대신 "왜 효과가 없을 것이라고 생각하세요?" 하고 물어보십시오.

이 물음은 두 가지 목적을 달성합니다. 첫째, 컨설턴트가 상대의 말을 충분히 잘 들었다는 표시를 하고 있습니다. 둘째, 교수자가 생각해 볼 기회를 마련해 주고 있습니다.

"토론(논의)은 여러 명이 돌아가며 말하는 것이고, 말싸움(논쟁)은 여럿이 동시에 말할 때 벌어진다"라는 말이 있습니다(남이 말할 때 자기가 반박할 말만 생각하고 있다면 사실상 동시에 말하는 것과 같습니다). 그러니 남의 말을 충분히 듣는 것이 논쟁으로 빠지는 것을 막고, 다시 한 번 더 말할 기회를 주어 이성적으로 생각할 수 있도록 유도합니다.

> **바람직한 의논의 예**
>
> 표현된 말: 아, 예. 그럴 수도 있겠군요. 다른 경우는 어떨까요?
> 내재된 뜻: 말씀 잘 들었습니다. 다른 각도에서 생각하면……?

합의

'합의'는 여러 사람들의 의견이 완전 일치된 결과를 나타내는 뜻이기도 하고, 여러 의견이 하나로 종합된 결과를 나타내기도 하지요. 그러나 '결과'를 표현하는 단어는 '과정'이 어떠했는지 알려주지 않습니다. 완전 일치가 협박으로 밀어붙여 졌는지, 물밑거래로 이루어졌는지 모릅니다.

제가 여기서 사용하는 합의에는 컨설턴트와 교수자가 자발적으로 동의하고 지지한다는 뜻이 포함되어 있습니다. 여기서 강조되는 말은 '자발적'이며 합의가 어떻게 이루어졌는가에 대한 약간의 정보가 이 말에 포함되어 있습니다.

'새 시대 교수법' 상담에서 합의라는 말에 '결과'와 '과정'보다 더 중요한 게 있습니다. 합의를 추구하는 가치관과 합의를 도출하기 위해 필요한 마음가짐입니다.

'새 시대 교수법'은 사람을 움직이는 가장 훌륭한 방법으로 '상과 벌'이 아니고 합의라고 믿습니다. 그리고 진정한 합의는 적절한 정보와 뜻 있는 지식의 공유를 전제로 하고 있습니다. 그리하기 위해서는 쌍방형 커뮤니케이션을 하여 말하는 기술만큼 듣는 기술을 구사하여야 합니다. 이 모든 것은 상대를 존중하는 마음가짐에서 싹이 튼다고 믿습니다.

> **바람직한 합의의 예**
>
> 표현된 말: 저는 이렇게 생각하는데, 어떻게 생각하십니까?
>
> 내재된 뜻: 선생님의 의견을 존중합니다.

훌륭한 수업 컨설팅은
교수자의 마음을 움직여야 한다

　수업을 컨설팅할 때, 금기 네 가지와 방법 네 가지를 실천한다면 비디오 피드백은 긍정적인 경험이 될 것입니다. 분석한 내용을 전달하고 새로운 방법을 제안하고 상대의 의견을 경청하고 대화를 나누듯 진행해야 긍정적 경험을 얻을 수 있습니다. 컨설턴트와 교수자가 수직적 관계가 아니라 동료로서 서로 돕는다는 의식을 공유해야 합니다.

　컨설턴트는 컨설팅 과정에서 말을 많이 하지 말아야 합니다. 그 대신 말을 많이 들어야 합니다. 전문가로서 많은 조언을 해주고 싶은 충동을 자제하고 교수자가 말을 하면서 스스로 깨닫게 해주어야 진정한 효과가 있습니다.

　깨달음이 있어야 교수자의 마음이 움직입니다. 깨달음이란 그저 머리로 알게 하는 게 아니라 가슴도 움직여야 합니다. 그때서야 개선책이 실천으로 옮겨지고 변화할 수 있습니다.

　비디오 분석 면담을 하면 한두 시간이 훌쩍 지나가게 됩니다. 참으로 시간이 빨리 지나가는 바람에 교수자의 장·단점을 충분히 논의할 수 없을뿐더러 준비한 것의 일부만 전달하게 되는 경우가 흔합니다. 그렇다고 면담이 한두 시간을 넘는 것은 오히려 역효과일 수 있습니다. 그래서 좋은 컨설팅은 한 번에 끝나지 않습니다. 성공적인 컨설팅을 따진다면 다음 순서를 말할 수 있겠습니다.

　교수자가 자발적으로 다음 컨설팅 시간을 요청하면 성공입니다. 좀 더 많은 교수법 정보와 자료를 요청하면 그 역시 성공입니다. 교수법에 대한 자료를 얻을 수 있는 방법을 물어보는 경우는 훌륭한 컨설팅입니다.

컨설팅의 목적은 교수자가 컨설턴트에게 의존하게 하는 것이 아니라 발전하고 싶은 동기를 부여하고 스스로 발전할 수 있겠다는 희망을 품을 수 있도록 돕는 것입니다.

교수법 상담의 궁극적 역할은 교수자의 장점을 발견해 주어 스스로 발전할 힘과 희망을 주는 것입니다. 단점을 찾아서 보완하면 평균 수준으로 발전하는 것이고, 장점을 발견해서 더 발전해 나가면 그 부분의 '달인'이 되는 것입니다.

최고의 컨설팅은 다른 교수자에게 "컨설팅을 받으라"고 권하는 경우입니다. 더 나아가 본인이 직접 수업 컨설팅의 챔피언이 되어 동료 교수자와 함께 수업 컨설팅 동아리를 결성하는 것입니다.

새 시대 교수법 수업 컨설팅의 핵심 가치를 요약하면 다음과 같습니다.

- 수업 컨설팅은 교수자 컨설팅이 아니어야 합니다.
- 수업 컨설팅의 목표는 교수자가 하는 수업을 학생의 눈에서 판단하는 기준이 생기도록 하는 것입니다.
- 비디오에 나타난 모습이 수업의 전부도 아니고 모든 수업의 일반적인 모습이 아님을 염두에 두어야 합니다.
- 컨설턴트는 관찰된 교수자의 행동을 절대로 점수로 환산하지 말아야 합니다. 평을 하되 서술적인 평이어야 합니다.
- 컨설턴트는 교수자의 마음을 이해해야 합니다.
- 컨설팅 과정에서 컨설턴트는 말을 많이 하지 않고 말을 많이 들어야 합니다.

- 컨설팅의 핵심은 마음으로 새겨듣는 경청이며 이는 상대를 존중하는 마음가짐에서 비롯합니다.
- 경청은 귀로만 듣는 게 아니라 마음으로 새겨듣는 것이며, 상대의 말이 아니라 마음을 듣는 것입니다.
- 컨설팅은 한 명의 개인적인 경험이 아니라 다수의 경험이 축적된 지혜와 연구 결과가 중심이 되어야 합니다.
- 수업 컨설팅에는 결론이 없고 과정만 존재합니다. 의논과 제안, 설명이라는 과정이 컨설팅의 중심이 되어야 합니다. 결론을 내려야 한다면 중립을 지키려야 지킬 수 없습니다.
- 초보 컨설턴트는 교수자의 장·단점을 발견하고 지적하지만 노련한 컨설턴트는 교수자 스스로 자신의 장·단점을 발견하게끔 유도합니다.
- 컨설턴트의 역할은 교수자의 장점을 발견하여 스스로 발전할 수 있는 힘과 희망을 주는 것입니다.
- 단점에 대한 분석이 좌절감에 머물지 않게 해야 합니다.
- 컨설팅할 때 컨설턴트는 설교, 논쟁, 충고와 협박을 피해야 합니다.
- 컨설팅의 목적은 교수자가 컨설턴트에게 의존하게 만드는 게 아니라 발전하고 싶은 동기를 부여하고 스스로 발전할 수 있는 희망을 품을 수 있도록 돕는 것입니다.
- 컨설턴트가 실수를 하더라도 인간적인 실책이어야지 권위자가 보이는 추태여서는 안 됩니다.

3

교수자와
수업 컨설턴트를 이어주는
면담의 기술

수업 컨설턴트가 면담 시 유의할 점

여기서는 수업 비디오를 촬영한 후, 면담 시 컨설턴트가 유의해야 하는 사항을 소개하겠습니다. 비디오 피드백의 기본 기술의 핵심은 '신뢰감 형성'에서부터 시작합니다. 신뢰감을 형성하는 효과적인 방법은 컨설턴트가 교수자의 말을 신중히 듣고 존중하고, 문제를 교수자의 처지에서 이해하려 한다는 느낌을 주는 것입니다. 따라서 교수자의 말을 경청하는 것이 상담의 가장 중요한 기본 기술입니다.

컨설턴트는 가능한 한 질문을 하여 교수자가 말을 하도록 유도해야 합니다. 말로 부정적인 감정을 초래하지 않고 긍정적인 감정을 유도하기 위해 감정 관리에 신경을 써야 합니다.

마지막으로 상황이나 교수자의 자세에 따라 상담 작전을 달리하는 유연성과 순발력을 발휘해야 합니다.

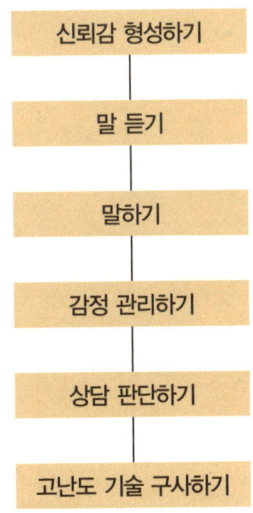

교수자와 신뢰감 형성하기

일반적으로 면담이라고 하면 말을 주고 받는 대화를 연상하지만 저는 대화가 시작되기 전부터 신뢰가 형성되어야 한다고 생각합니다. 또한 면담 중 컨설턴트의 모든 행동은 신뢰감을 형성하기도 하고 무너뜨리기도 합니다. 백번 잘하고 한번 잘못하면 깨지는 것이 신뢰감입니다. 한번 금이 간 신뢰감을 회복하기란 무척 어렵습니다. 그래서 신뢰감에 대해 먼저 말씀드리겠습니다.

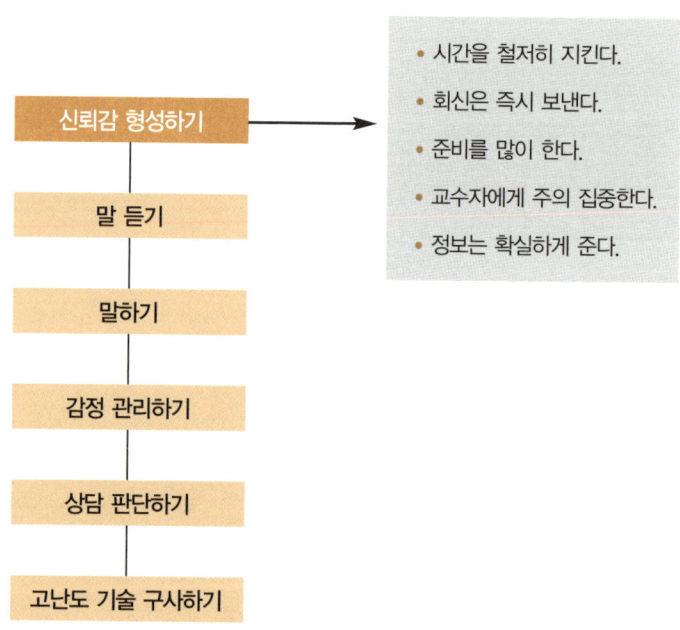

시간을 철저하게 지킨다

- 수업 촬영, 면담 등 약속 시각에 단 일 초도 늦지 않는다.
- 연락을 약속하면 반드시 기일 내로 연락한다.

가끔 교수자가 수업 종이 울린 후에 허겁지겁 교실에 늦게 들어가는 일도 있습니다. 아예 사오 분 늦게 들어가는 경우도 있습니다. 그러고는 학생들에게 질서와 규칙을 지킬 것을 요구합니다. 학생들은 말과 행동이 전혀 일치하지 않는 교수자의 모습에 신뢰감을 느끼지 못할 것이고 따라서 존경심도 우러나지 않을 것입니다. 저는 교육이야말로 학생이 교수자를 신뢰하고 존경해야 성립된다고 믿습니다.

그래서 수업 컨설턴트는 이러한 모습이 비디오에 보이면 지적해야 합니다. 그래야 진정으로 그 교수자를 돕는 것일 테니까요. 하지만 컨설턴트 스스로 시간을 지키지 못했다면 아마 이러한 교수자의 모습이 비디오에 잡혀도 아무 말을 하지 못할 것입니다.

참으로 흔히 사람들은 시간 약속을 맞추지 못합니다. 미리 전화로 10분 또는 30분 늦는다고 연락합니다. 특히 차가 밀려서 길이 막혀 늦어지게 되었다고 하면서 양해를 구합니다. 아마 상대가 이해해 줄 것이라고 믿는 모양입니다. 예, 이해는 할 수 있지만 기분은 좋지 않습니다. '길이 막히는 것을 몰랐단 말인가? 알았겠지. 그럼 미리 감안하고 조금 더 서둘렀어야 예의가 아닌가? 미리 서둘러 와서 기다리는 나는 뭔가? 난 할 일이 없는 사람이라고 생각하는가?'

시작부터 삐걱대는 컨설팅이 긍정적 경험으로 이어질 확률은 적습니다. 아무쪼록 시간 약속을 철저히 지키는 것이 상대에 대한 예의이고 상대방을 존중한다는 최고의 자세를 보이는 방법입니다.

회신은 즉시 보낸다

- 연락을 받으면 회신을 즉각 보낸다.
- 바쁘면 연락을 받았고 곧 답장을 드리겠노라고 답신을 보낸다.
- 답장이 많이 늦어질 경우 언제까지 답장을 보낼 거라고 알려준다.

자발적이든 강압적이든 교수자가 컨설팅을 받겠다고 할 때는 고심 끝에 내린 결정이었을 것입니다. 이런 상황에서 컨설팅에 대한 요청을 받고 즉시 답을 하지 않으면 그 모멘텀을 이어가기 어렵게 됩니다. 한마디로 열이 금세 식어버릴 수 있습니다. 컨설턴트의 입장에서는 안 그래도 어려운 컨설팅 일을 더 어렵게 만드는 것입니다. 컨설팅을 신청한 후에 취소하는 경우는 있어도 취소한 후에 다시 하겠다는 경우는 매우 드뭅니다.

컨설팅 요청이 들어오면 즉각 회신을 보내서 교수자가 컨설팅에 대해 재고(再考)할 기회를 주지 않는 것이 좋습니다.

교수자가 질문이나 요청을 하는 경우, 즉각 회신을 보내십시오. 연락을 했는데 아무 답장이 없으면 완전히 무시당하고 있다는 느낌을 받게 됩니다. 평소에는 충분히 기다릴 수 있는 정도의 틈도 컨설팅 시기에는 무척 길게 느껴지고 기분을 상하게 할 수 있습니다. 컨설팅 전후로 교수자의 신경이 한층 예민해져 있는 상태이기 때문에 쉽게 조바심을 내고 쉽게 자존심이 상하게 됩니다.

무시는 신뢰감을 와르르 무너지게 합니다. 무반응은 상대를 무시하는 대표적인 태도임을 염두에 두십시오. 좋은 컨설팅은 교수자로 하여금 존중받았다는 느낌이 들도록 해야 합니다.

준비를 많이 한다

- 면담하는 방은 깨끗이 정돈한다.
- 면담을 위한 모든 자료와 기자재(비디오 플레이어 등)를 미리 준비한다. 작동 버튼만 누르면 시작할 수 있도록 한다.
- 주요 자료는 깨끗이 정돈하고 준비한다.
- 관련 연구 자료를 준비하고 보여드린다.

교수법에 대한 연구에서 유능한 교육자의 특성 중 하나가 '준비를 한다'입니다. 아마 수업 컨설팅에 대한 연구가 있다면 유능한 수업 컨설턴트의 핵심 특성에도 '준비하기'가 포함되지 않을까 싶습니다. 그런 연구가 없어도 수업 컨설턴트는 교수자에게 준비의 중요성을 깨우쳐 드릴 필요가 있습니다. 말로만 하는 컨설턴트는 이류라고 했지요. 그러니 컨설턴트는 교수자에게 준비성을 직접 보여줄 필요가 있습니다.

교수자와 면담을 시작한 후에 비로소 캐비닛에서 교수자의 서류를 찾는다거나 비디오에 교수자의 DVD를 삽입한다거나, 자가 진단서를 꺼내는 등 전혀 준비가 되지 않은 모습을 보여서는 신뢰감을 형성할 수 없습니다.

저는 비디오 촬영 당시 수업에 참관합니다. 부득이 참관할 수 없는 경우에는 비디오를 미리 시청합니다. 그래서 교수자에게 전달해 주고 싶은 논문, 자료, 정보 등을 미리 준비해 둡니다. 그리고 그렇게 준비되어 있다는 사실을 노골적으로 교수자에게 알려줍니다. 짧은 면담 시간이 단 일분도 허비하지 않고 처음부터 확실한 신뢰감을 형성하기 위해서입니다.

교수자에게 주의 집중한다
- 중간에 전화나 메시지를 받는 등 방해하는 행동을 하지 않는다.
- 시계를 힐끗 힐끗 보지 않는다.
- "죄송하지만 이러 이러한 사정으로 조금 일찍 끝내야 하겠습니다" 등 최선이 아닌 상황을 만들지 않는다.

교수자가 면담하러 면담실에 들어와 서로 인사를 나눈 후에, 저는 교수자가 보는 앞에서 휴대전화를 꺼내 전원을 끄거나 진동으로 합니다. 교수자가 보라고 하는 행동입니다. 전화보다 당신이 나에게 더 중요하다는 것을 보여주는 행동입니다.

"웬 그런 쇼까지 해야 하나!" 하는 분도 계시겠지요. 그러나 저는 한 시간 남짓한 면담 시간을 효과적으로 사용하기 위해서 고의로 선택한 사항입니다. 남을 존중함으로써 가장 빨리 신뢰를 받기 때문입니다.

흔히 권위자는 다른 사람 앞에서 수시로 오는 전화를 받습니다. 그러나 소위 '아랫사람'은 '윗사람' 앞에서 전화를 받지 않습니다. 저는 제 휴대전화를 끄는 행동으로 서로 동등한 입장이라고 비구어적 커뮤니케이션(body language)을 한 것입니다. 구어적 커뮤니케이션은 괜찮고 비구어적 커뮤니케이션은 '쇼'라고 하는 말에는 공감하지 않습니다.

면담 중 컨설턴트는 면담 시간이 얼마나 지나고 얼마나 남았는가를 주시해야 합니다. 그러나 그러기 위해 손목시계나 벽걸이 시계를 힐끗 보면 교수자에게 오해를 살 수 있습니다. '혹시 더 중요한 일이 있어서 그러나? 빨리 끝내고 싶어서 그러나?' 이러한 불필요한 오해의 여지를 없애기 위해 시계를 눈을 돌리지 않고도 볼 수 있는 곳에 설치해서 모든 주의력을 교수자에게 줄 수 있도록 하십시오.

정보는 확실하게 준다

- 모르는 질문을 받았을 때에는 "일주일 내로 이메일로 연락 드리겠습니다" 등 확실하고 구체적으로 약속한다.
- 지키지 못할 약속은 절대로 하지 않는다.

컨설팅하다 보면 교수자에게 내가 답을 모르는 질문을 받을 때가 있습니다. 이럴 때에, "뭐 그런 것까지 걱정하실 필요 없어요", "그 정도로 깊이 아실 필요 없어요" 하며 넘어가지 말아야 합니다. 또한 실전에는 약하지만, 이론에 강한 교수자가 대화 중에 처음 듣는 이론이나 교수법을 언급하기도 합니다. 이럴 때에 "아~ 네~" 하면서 아는 척하며 얼버무리는 것도 피해야 합니다.

컨설턴트는 아슬아슬하게 잘 넘어갔다고 생각할지 몰라도 교수자는 바로 눈치챕니다. 신뢰감이 뚝 떨어집니다.

모르는 질문을 받으면 "그 질문은 처음 듣는 질문입니다" 또는 "제가 미처 생각해 보지 못했습니다"라고 간단하게 인정하면 됩니다. 컨설턴트라고 해서 수업의 모든 면을 꿰뚫고 있어야 한다는 부담에서 벗어나야 합니다. 교수자는 컨설턴트가 전지전능한 자가 아님을 이미 알고 있습니다. 단 답을 찾아서 알려드리겠다는 정성을 보여야 합니다.

생소한 개념이나 단어를 들으면 처음 듣는다고 말하고 설명해 달라고 말하면 됩니다. "처음 듣는 질문입니다. 처음 듣는 이론입니다"는 말은 오히려 교수자의 기분을 좋게 해줍니다. 컨설턴트 앞에서 기죽게 된 판국에 그나마 자존심을 지킬 수 있는 상황이 생겼으니까요.

컨설턴트의 권위는 교수자를 지적으로 압도하는 데서 얻는 게 아니라 교수자를 품는 큰 마음에서 얻어야 합니다.

교수자의 말 듣기

남의 말을 귀담아듣는 방법에는 세 가지 기술이 있습니다. 첫째, 말하는 상대에게 시선을 모으는 것입니다. 눈만이 아니라 몸도 상대를 향하여 "나는 당신의 말에 관심을 가지고 있습니다"라고 선언하는 것입니다.

둘째, 상대의 말 중간 중간에 짧은 반응을 보여 말에 장단을 맞추는 것입니다. 신바람은 아니라도 약간의 바람으로 화롯불이 모락모락 피어나듯 말도 계속 이어가게 해야 합니다.

셋째, 말이 끊겼을 적에는 더 많은 말을 이끌어내기 위해서 유도성 질문을 하는 것입니다. 상대를 함정에 빠뜨리거나 당황하게 만드는 날카로운 질문이 아니라 상대의 생각을 이어주는 부드러운 질문이어야 하겠습니다.

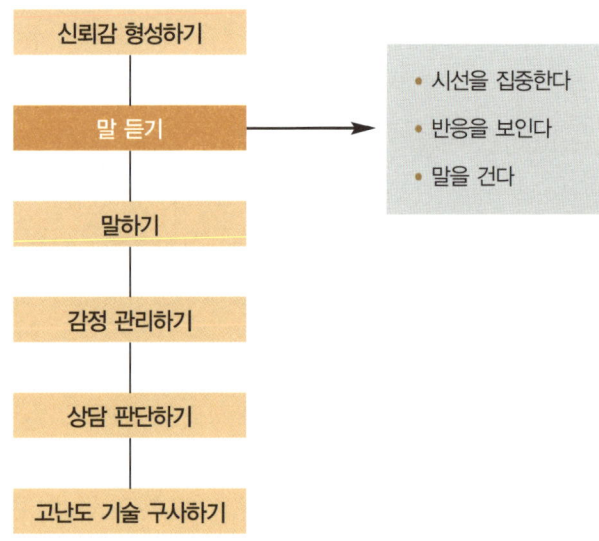

시선을 집중한다

사업체에 가서 일을 볼 때 기분을 나쁘게 만드는 몇 가지가 있습니다. 그 중 하나는 카운터에서 말을 할 때 직원이 딴 짓을 하는 경우입니다. 나는 중요한 말을 하고 있는데 직원은 돈을 세거나 컴퓨터를 한다거나 서류를 뒤적이고 있습니다. 직원은 분명히 내가 왔다는 것을 알고 있고 지금 내가 자신에게 말하고 있다는 것도 알고 있습니다. 그러나 내 말을 듣고 있는 것인지 도무지 알 수 없기 때문에 머뭇거려지고 급기야는 짜증마저 나는 것입니다. '사람을 이렇게 무시해도 되는 건가?' 드디어 화가 나고 맙니다.

교수자가 말을 할 때 컨설턴트는 상대에게 시선을 집중해야 합니다. 자기 앞에 놓인 종이를 추스르거나 노트를 보는 등 다른 일을 일체 하지 않아야 합니다. 물론 앞에 놓인 종이를 추스르면서도 상대가 하는 말을 충분히 잘 들을 수 있겠지요. 하지만 상대는 컨설턴트가 자신의 말을 귀담아 듣지 않는다고 오해할 수 있습니다. 그래서 일단 자신이 하던 일을 멈추고 상대에게 시선을 주어야 합니다.

시선을 주는 것과 함께 컨설턴트는 몸을 교수자가 있는 쪽으로 향하는 것이 바람직합니다. 고개만 돌려보지 않고 몸 전체를 상대 쪽으로 기울이는 것입니다. 두 손으로 머리를 받치거나 의자를 뒤로 젖혀 비스듬히 앉는 것은 삼가야 합니다. "내가 당신 말을 듣고는 있지만 영 따분하군요"라는 비구어적 메시지가 전달되기 때문이지요.

교수자의 말을 들으면서 메모해야 할 경우가 있습니다. 이 경우 상세하게 적기 위해 한동안 내려다보는 것보다는 상대를 계속 쳐다보기 위해 핵심 단어 한두 글자만 적어두는 것이 좋습니다.

반응을 보인다

교수자에게 백 퍼센트 시선을 두어야 하는 이유가 하나 더 있습니다. 뒤에서도 자세히 언급하겠지만 컨설턴트는 교수자의 표정과 몸동작에서 비구어적 메시지를 읽어내어야 하기 때문입니다. 그래서 시기적절하게 반응을 보여야 진정한 대화가 가능해집니다.

말을 듣는 데에 수동적인 자세가 있는가 하면 능동적인 자세도 있습니다. 상대방이 말하는 동안 묵묵히, 말 한마디 없이 듣고만 있으면 수동적인 자세입니다. 이와 반대로 사이사이에 "아, 예", "그렇군요", "그래요" 등 짤막한 말을 살짝살짝 해주면 능동적인 자세인 것입니다. 컨설턴트는 교수자의 말을 능동적으로 들어야 합니다. 이유가 두 가지 있습니다.

첫째, 명창이 "춘향이가 이 도령 가슴에 얼굴을 파묻는데" 하고 한 곡조 뽑으면 고수가 옆에서 "얼쑤!" 하고 장단을 맞추어 분위기를 한층 돋우듯이 컨설턴트도 교수자의 말이 잘 나오도록 도와야 하기 때문입니다. 교수자의 말이 끊어지지 않아야 하므로 이럴 경우 말이 짧아야 합니다. 말 대신 고개를 끄떡이거나 적절한 얼굴 표정을 지어주는 것이 더 효과적일 수 있습니다.

반응을 보일 때 "맞아요" 하는 말은 지양하십시오. 물론 그것은 흔히 아무 의미 없이 맞장구치는 언어 습관이지만 엄연히 따지자면 상대가 한 말에 대해 평가를 내리는 행위입니다. 아무리 상대가 그렇게 생각하지 않고 그저 의미 없는 언어 습관이라고 넘어가도 지양해야 합니다. 컨설턴트는 의미 없는 말을 하지 말아야 하고 평가를 내리지 않아야 하기 때문에 처음부터 이러한 언어 습관을 들이지 않는 게 좋습니다.

둘째, 말을 하는데 상대가 아무 말 없이 무표정을 짓고 있으면 조금 답답하기 때문입니다. 컨설턴트가 내 말을 이해하고 있는지 내가 말을 너무 많이 하고 있지는 않은지, 내 말이 우습게 들리지는 않은지 별별 걱정을 하게 됩니다. 상담자가 교수자의 비구어적 메시지를 감지할 필요가 있듯이 교수자 역시 컨설턴트의 반응을 보면서 말을 하기 때문입니다.

반응이 확실하지 않으면 말하기가 머뭇거려집니다. 능동적인 자세는 상대의 말을 듣고 이해하고 있다는 점을 확실하게 알려줍니다. 말하는 사람의 마음을 편하게 해줍니다.

가끔 장단이 너무 지나쳐 장난같이 되는 경우가 있습니다. 재밌다고 호들갑을 떨거나 놀랐다고 눈을 크게 뜨는 등 과잉 반응을 보이지 않도록 조심해야 합니다.

모호한 반응도 자제해야 합니다. 부처님 미소가 아무리 좋아 보여도 자비로운 미소를 지어서는 안됩니다. 교수자는 컨설턴트를 만나기 위해서 왔지 부처님의 자비를 받고자 올 정도로 죄를 짓고 온 게 아니니까요. 그저 "난 당신의 말에 흥미를 느끼고 있습니다" 정도의 미소를 지어야 합니다.

"참, 기가 막혀. 세상에 미소 짓는 것까지 이래라 저래라 하네" 하실 수 있겠습니다. 예, 참으로 시시콜콜한 것까지 다 언급하고 있습니다. 하지만 최고의 컨설턴트가 되자면 자신의 모든 언행을 다 의식하고 의도적으로 다스릴 수 있어야 합니다.

말을 건다

컨설팅 내내 컨설턴트가 교수자의 말만 듣고 끝낼 수는 없지요. 말을 적절히 해야 합니다. 기술이 필요한 상황은 문제점을 지적해야 할 때이니 그런 상황에 초점을 맞추겠습니다. 교수자가 장시간 칠판을 보면서 말하는 장면이 비디오에 잡혔을 경우를 예로 들어보겠습니다.

> 말: 선생님께서 학생들에게 등을 돌리고 말씀하신다는 것은 선생님께서 학생들을 쳐다보기 싫다는 뜻이 되겠습니다.
> 암시된 결과: 그렇게 하시면 학생들이 수업을 따분해 할 것이며 결국 선생님과 거리가 멀어질 것입니다.
> 가치판단: 그렇게 하는 것은 좋지 않습니다.

이런 말 대신 컨설턴트는 비디오 장면에 나타난 행위를 있는 그대로 지적하는 것이 바람직합니다. 그리고 교수자 스스로 그 지적된 행위에 대한 뜻과 결과와 가치판단을 할 수 있도록 유도질문을 해야 합니다.

> 행위 지적: 지금 화면에 선생님께서 학생들에게 등을 돌린 상태로 수업하는 장면이 보이는데 이 상태가 3분 이상 지속되고 있습니다.
> 유도 질문: 혹시 3분 이상 그리 하신 이유가 있으십니까?

유도 질문이라고 해서 모두 다 바람직한 것이 아닙니다. "시커먼 칠판을 그렇게 오래 쳐다보면서 말씀하셔도 지겹지 않으세요?"와 같은 질문은 문제가 많습니다. 이제 말하기에 대해 본격적으로 말씀드리겠습니다.

교수자에게 다가가는 말하기 방법

같은 말이라도 어떻게 하느냐에 따라 달게 또는 쓰게 느껴지기도 합니다. 교수자에게 도움이 될 말을 아무리 많이 해도 교수자가 인정을 하지 않거나 불쾌하게 생각하면 아무 소용없습니다.

세상의 모든 대화를 구분하는 두 가지 방법이 있습니다.

대화의 결과: 첫째는 대화가 '대화자 사이에 어떤 심적 결과를 초래하는가'로 구분하는 방법으로 서로 멀어지는 대화, 원수가 되는 대화, 다가가는 대화입니다. 금기 네 가지를 사용하면 서로 멀어지고 심지어는 원수가 됩니다. 서로 존중하고 호감이 기본을 이루는 핵심 네 가지를 사용할 때에 다가가는 대화가 됩니다. 면담은 잘못하면 교수자가 비판받았다

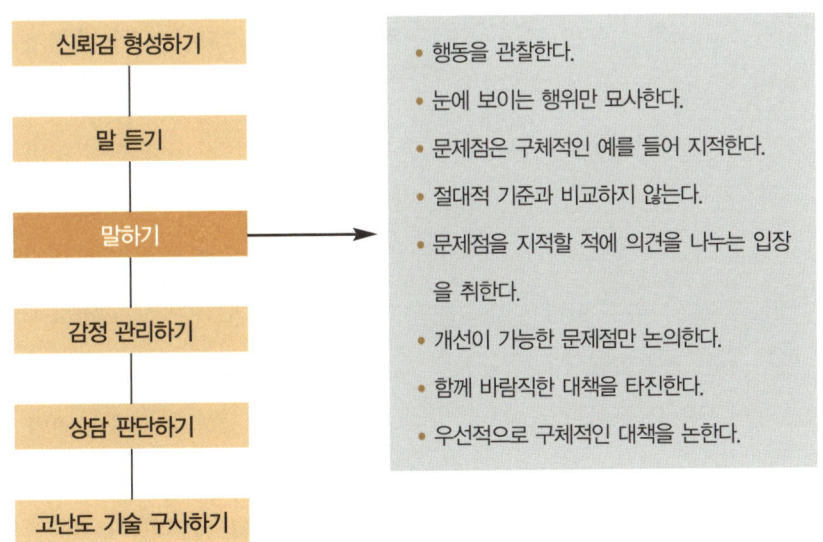

3. 교수자와 수업 컨설턴트를 이어주는 면담의 기술

고 느낄 수 있기 때문에 다가가는 대화가 되도록 최선을 다해야 합니다.

대화의 내용: 두 번째는 '대화의 내용'으로 구분하는 방법인데 인사, 사실(정보 및 지식), 의견, 감정, 이심전심을 나누는 다섯 단계입니다.

"안녕하세요?"는 통상적인 인사를 나누는 대화입니다. "오늘은 해가 쨍쨍하네요"는 사실적 정보를 나누는 대화입니다. "오늘은 무척 더운 날이네요"는 본인의 의견을 나누는 대화입니다. "오늘은 짜증날 정도로 더운 날이네요"는 본인의 감정까지 나누는 대화입니다. 마지막은 아무 말이 없어도 위 모든 것이 전달되는 상황이지만 지극히 예외적인 경우라고 말할 수 있겠습니다.

대화의 내용에서 친하지 않은 사람과는 인사를 나눠도 안전하지만 위 단계로 올라갈수록 친하거나 신뢰감이 있어야 합니다. 대화의 내용으로 구분되는 말을 수업 컨설팅 상황의 예를 들어보겠습니다.

"판서를 16분 계속하셨습니다"는 대화는 사실적 정보만 전달합니다. "판서를 매우 오래 하셨습니다"는 대화는 컨설턴트의 의견(평가)을 전달합니다. "판서를 지루할 정도로 오래 하셨습니다"는 대화는 컨설턴트의 감정까지 전달하고 있습니다.

이 모두 판서가 주제지만 내용에 큰 차이가 있습니다. 수업 컨설팅 면담 시, 감정이 고조된 상황에서 많은 의견과 판단 교류가 있게 되면 말이 쉽게 오해되거나 상대의 기분을 상하게 하여 컨설팅이 부정적 경험으로 이어질 수 있습니다. 따라서 컨설턴트는 말을 할 때 오해를 사지 않도록 각별히 조심해야 합니다.

그래서 상담을 잘하기 위해서는 다음 아홉 가지를 항상 염두에 두어야 합니다. 아홉 가지는 '무엇을 지적하는가, 문제점을 지적할 경우 어떻게 하는가, 어떤 대책을 어떻게 제시하는가'에 대한 가이드라인입니다.

행동을 관찰한다

가장 안전하고 확실한 방법은 관찰된 행동 중심으로 면담을 시작하는 것입니다. 사람 자체를 평가하거나 내면을 추론하지 않아야 합니다. 추론은 교수자 본인이 하도록 유도해야 합니다.

> 예: 판서된 교수자의 글씨가 작은 경우
>
> **피해야 하는 말:** 선생님의 글씨는 본래 작습니까?
> 선생님께서는 글씨의 크기가 뒤에 앉은 학생들도 다 잘 볼 수 있는 정도라고 생각하시는 모양이지만 그렇지 않습니다.
> 뒤에 앉아 있는 학생들이 칠판의 글이 잘 보이지 않아 힘들어하고 있습니다.
>
> **바람직한 말:** 뒤에 앉아 있는 학생들이 칠판의 글이 잘 보이지 않아 힘들 것 같습니다.

컨설턴트가 교수자의 작은 글씨를 관찰하였지만 '본래부터' 그러한 것인지 관찰하지 않았습니다. '본래부터 그래왔냐'는 말은 글씨의 크기를 교수자의 성격이나 인품에 연관시키고 있습니다. 그래서 교수자는 이런 말을 들으면 불쾌해지게 마련입니다.

"……생각하시는 모양이지만……"이란 코멘트는 컨설턴트가 교수자의 마음을 지레짐작하고 있음을 보여줍니다. "아니, 내가 언제 그렇게 생각했나? 내 글씨가 그렇게 작은 줄 모르고 있었을 뿐인데……." 비록 사실이 그렇다 하더라도 남의 마음을 미리 넘겨짚는 말은 삼가야 합니다. 상대는 속을 숨기고 싶어지고 마음을 방어자세로 몰아가기 때문입니다.

글씨가 크고 작은 것은 상대적이며 판단 기준이 필요합니다. 이런 경우, 관찰된 사항을 지적할 때에는 판단 기준도 제시해야 가치가 있습니다. 물론 판단 기준은 학생입니다. 다음 두 사례가 학생의 입장을 대변하고 있지만 의견과 감정의 차이를 잘 보여줍니다.

"학생들이 힘들어하고 있다"는 말은 지레짐작한 학생들의 감정을 사실로 확정하고 있습니다. 설사 힘들어하는 학생의 모습이 비디오 잡혔기 때문에 모두가 관찰할 수 있어도 그 학생이 글씨가 작아서 힘들어하고 있는지 화장실에 가고 싶은 것을 참느라 힘들어하는지 확실하지 않습니다. 그래서 다양한 가능성은 항상 열어두어야 합니다. 뿐만 아니라 "학생이 힘들어해요"라는 표현에는 감정이 고스란히 전달되고 있습니다.

이와 비해서 "학생들이 힘들 것 같다"는 말은 학생의 입장을 상상해보는 의견입니다. 차이가 없어 보이면서도 큰 차이가 있습니다.

"저 기뻐요!" 하는 말에 감정이 전달됩니다.

"저는 기쁘게 생각합니다"는 표현은 다소 덜 감정적인 발언이지요. 감정이 이성을 한번 거쳤기 때문입니다. 감정에 대한 의견을 전달하고 있는 것입니다.

"학생들이 힘들어해요"와 "학생들이 힘들 것 같다"의 차이가 바로 이것과 같습니다. 가급적 감정을 배제하면 좋습니다.

면담의 시작 부분에서 가급적 해석을 피하라는 조언입니다. 교수자의 신뢰를 얻은 후에 관찰된 행동에 대한 해석을 해주어야 합니다. 특히 교수자가 전혀 인식하지 못한 해석을 해줄 수 있어야 진정한 실력 있는 컨설턴트라 할 수 있지요.

눈에 보이는 행위만 묘사한다

가장 먼저 목소리, 몸동작과 도구 사용하기 등 쉽게 눈에 보이거나 귀에 들리는 행동에 대해 대화를 시작해야 합니다. 그러나 행위를 종합하여 심판하거나 섣불리 결론을 짓지 않아야 합니다.

> 예: 교수자가 교육 목표를 전달했을 경우
>
> **피해야 하는 말:** 수업 서두에 교육 목표를 정확하게 전달하셨습니다. 선생님께서는 수업을 매우 잘 하는 편이십니다.
>
> **바람직한 말:** 수업 서두에 모든 학생들이 볼 수 있도록 교육 목표를 칠판에 쓰셨습니다. 상당히 효과적인 방법이라고 생각합니다.

컨설턴트는 교수자가 교육 목표를 전달했다는 사실을 관찰하였으나 그 교육 목표가 과연 정확한지, 적절한지 알 수 없습니다. 물론 칭찬을 하기 위해 '정확하게'라는 말을 사용하였겠지만 결과적으로 컨설턴트의 신빙성을 떨어뜨리고 있습니다.

'잘 하는 편'이라는 평가는 교수법의 대가가 신출내기 교수자에게나 할 수 있는 말입니다. 특히 한두 가지의 행동에서 교수자의 능력을 전반적으로 가늠할 수 있는 능력은 교수법 도사가 아니면 할 수 없는 일이기 때문이지요. 그러니 아무리 좋은 뜻이어도 이런 결론은 삼가야 합니다.

바람직한 말은 컨설턴트가 관찰한 행위를 자세히 묘사하는 것입니다. 그리고 평을 하더라도 그 관찰된 행위에 국한하였습니다.

장점은 지적, 단점은 질문한다

저는 촬영된 비디오를 미리 보고 세세하게 분석합니다. 수업 전 준비하기, 수업 시작하기, 목소리와 몸동작, 표정과 자세 관리하기, 교실 공간 사용하기, 칠판과 도구 사용하기, 수업 구성과 시간 관리하기, 수업 진행하기, 설명하기, 질문하고 토론하기, 교실에서 학생들과의 관계 만들기, 수업 끝내기, 교실 밖에서 학생들과 관계 형성하기 등을 관찰합니다. 그러고는 선생님과 함께 비디오를 다시 보면서 대화를 나눕니다.

선생님의 장점은 제가 지적합니다. 선생님이 스스로 자신의 장점을 지적하지는 않을 것이기 때문입니다.

"선생님께서는 수업에 열정도 있고, 웃음도 있고, 유머도 있고, 에너지도 많고, 밝고 명랑하고……." 카리스마 있게 수업을 진행한 어느 과학 선생님에게 한 말이었습니다.

"선생님의 최대 강점은 미소와 웃음을 잃지 않는다는 것입니다. 교실에서 어떤 상황이 벌어져도 그것을 잃지 않으세요." 상담을 잘해주고 친절해서 학생들이 좋아한다는 국어 선생님에 대한 평이었습니다.

단점은 선생님 스스로 보고 알아차릴 것이기 때문에 구태여 제가 지적하지 않아도 됩니다. 선생님이 간과하는 부분이 있으면 혹시 제가 잘못 이해했는지 알기 위해 순수하게 질문합니다. "이렇게 하셨는데 어떤 이유가 있습니까?" 이 정도만 해도 선생님은 쉽게 깨닫게 됩니다.

문제점은 구체적인 예를 들어가며 지적한다

문제점이 관찰되어 지적할 경우 교수자가 매번 그리할 것이라고 일반화시키지 말아야 합니다. 일반화시키는 단어의 예로 '항상', '언제나', '꼭', '너무 자주' 등을 들 수 있으며 이런 단어는 가능한 사용하지 않아야 합니다.

> 예: PPT가 많이 사용되었거나 빠른 속도로 전개되었을 경우
>
> 피해야 하는 말: 선생님께서는 PPT를 선호하는군요.
> 선생님께서는 PPT를 항상 빨리 넘기는 경향이 있습니다.
>
> 바람직한 말: 선생님께서 수업 10분 사이 PPT 6장을 쓰셨고, 각 PPT에 10줄 이상의 내용이 들어 있습니다.

수업에 PPT를 많이 사용하였다고 해서 PPT를 '선호한다'고 판단하는 것은 잘못되었습니다. 교수자는 주로 다른 방법을 사용하다가 마침 촬영하는 날, 수업목표를 달성하기 위한 가장 효과적인 방법으로 PPT를 선택했을 수도 있습니다.

그래서 어느 행위를 지적할 경우 그 행위가 마치 교수자의 습관인 것처럼 일반화하지 않아야 합니다. 그리고 그날 따라 PPT가 빠른 속도로 진행되었을 수도 있습니다. 하나의 데이터 포인트를 '경향'으로 결론짓는 것은 바람직하지 않습니다.

바람직한 말은 그저 관찰된 문제점을 구체화하여 지적하고 있습니다. 이리하여 교수자 스스로 많은 내용이 무척 빠른 속도로 전개되었다는 결론에 도달할 수 있도록 하고 있습니다.

절대적 기준과 비교하지 않는다

컨설턴트가 평을 할 때는 절대적 잣대에 얽매이지 말고 유연하게 상대적 가치관을 도입해야 합니다.

> 예: 교수자의 목소리가 작은 경우
> **피해야 하는 말:** 선생님의 목소리는 너무 작습니다.
> **바람직한 말:** 선생님의 목소리 크기는 소규모 교실에는 적당하지만 교실이 대형 강당이라면 뒤에 앉은 학생들에게는 잘 들리지 않을 것 같습니다.

"너무 작다, 무척 크다, 상당히 느리다, 빠른 편이다." 이런 말들은 어떤 잣대를 염두에 두고 있습니다. 평가를 하려면 잣대가 필요하겠지요. 하지만 컨설턴트가 이런 식의 말을 하는 데에는 두 가지 문제가 있습니다.

첫째, 잣대는 컨설턴트만 알고 교수자는 모릅니다. 무엇과 비교해서 작은지 큰지, 느린지 빠른지 알 수 없다는 말입니다. 컨설턴트의 평을 이해하기 어려울 것입니다. 이해가 안 되는 상담은 효과가 없습니다.

둘째, 교수법에 절대성이 있다는 뜻을 지니고 있기 때문입니다. 하지만 교수법에는 절대적으로 옳고 그른 것이 별로 없습니다. 다양한 철학과 이론이 무성합니다. 그래서 상황에 따라 적절한 교수법이 있을 뿐입니다. 그런데 컨설턴트가 절대적인 잣대(가치)를 부여하는 것은 부적절합니다.

문제점을 지적할 적에 의견을 나누는 입장을 취한다

충고나 조언하는 입장에서 말하지 않는다.

> 예: 말의 속도가 빠른 경우
>
> 피해야 하는 말: 말의 속도가 너무 빠르면 학생들이 내용을 따라잡을 수 없습니다.
>
> 바람직한 말: 이런 내용을 설명하실 적에 선생님께서 말씀하시는 속도가 약간 빠르다고 생각되는데, 하지만 제가 그 내용을 처음 대하기 때문일지도 모르겠습니다. 학생들은 그 내용을 알고 있습니까?

"이러면 저렇게 됩니다"라고 컨설턴트가 결론을 내리면 교수자는 더 이상 말할 여지가 없어집니다. 말을 하게 되면 "꼭 그렇지 않을 수도 있다"는 식의 반박을 할 수밖에 없습니다. 앞장에서 설명하였듯이 대화는 논쟁으로 번지게 되겠지요.

"이러면 이럴 때는 좋지만 저럴 때는 문제가 있지 않을까요?" 문제를 지적하는 컨설턴트의 목적은 달성하였습니다. 그러나 결론을 내리는 대신 질문으로 전환함으로써 상대를 기분을 존중해주고 있습니다.

컨설턴트가 "꼭 그렇지 않을 수도 있다"라고 말하면서 교수자의 부정적인 반박을 미리 차단하여 교수자의 생각을 긍정적인 방향으로 돌리고 있습니다.

개선이 가능한 문제점만 논한다

관찰된 모든 단점을 지적하지 말아야 합니다. 특히 쉽게 개선되지 않을 문제점이나 꼭 개선할 필요가 없는 문제점은 가급적 언급하지 않아야 합니다.

> 예: 교수자가 말을 더듬는 경우
> **피해야 하는 말**: 말을 많이 더듬으십니다. 발음을 또박또박하게 하시면 좋겠습니다.
> **바람직한 말**: 칠판, PPT, 유인물 등 시각 자료를 사용하시면 발음이 다소 부정확해도 중요한 내용을 전달하는 데에 아무 문제가 없을 것입니다.

"원, 세상에. 발음을 또박또박하게 하는 것이 좋다는 것을 내가 모르고 있었을까 봐." 말 더듬는 사람보고 더듬지 말라고 하는 것은 전혀 도움이 되지 않습니다. 기분만 잔뜩 상하게 할 뿐입니다.

단점을 지적할 경우에는 반드시 개선 가능한 것만 지적해야 합니다. 꼭 말을 더듬는 것 같이 쉽게 고쳐지지 않는 신체적 단점만 해당되는 것이 아닙니다. 단점을 보완할 뾰족한 수가 생각나지 않는다면 지적하지 마십시오. 한마디로 면담 중에 대책 없는 문제점은 일단 언급하지 말아야 합니다.

하지만 상당히 치명적인 문제점이 발견되었는데 대책이 생각나지 않는 경우에는 면담 후 상담으로 차근차근 풀어나가야 합니다.

함께 바람직한 대책을 타진한다

교수자의 단점을 개선하거나 보완하는 확실한 대책들이 머리 속에 떠오르면 컨설턴트는 빨리 말해주고 싶은 충동을 느끼게 됩니다. 넘어진 아이를 일으켜주고 싶은 마음이 발동하기 때문이겠지요.

하지만 넘어진 아이가 스스로 일어설 수 있도록 도와주는 것이 최고이듯이 컨설턴트도 교수자 스스로 최선의 방법을 찾아내도록 도와야 합니다.

> **예: 말의 속도를 늦추어야 할 경우**
>
> **피해야 하는 말:** 말의 속도를 조금 더 늦출 필요가 있습니다. 말을 빨리 하지 마십시오.
>
> **바람직한 말:** 말의 속도가 다소 빨라도 중요한 포인트를 판서하거나 PPT로 내용을 보여주어서 학생들이 수업을 알아듣게 하는 방법도 있습니다. 혹시 다른 방법을 써 보신 적이 있는지요?

정답을 알고 있으면서 말을 해주지 않고 교수자로부터 나올 때까지 기다린다는 것은 쉽지 않습니다. 신경이 잔뜩 쓰이고 애가 타기 때문입니다. 그냥 말해주는 것이 훨씬 속 시원하지요. 그러나 세상에 쉬우면서 큰 발전을 가져다주는 것이 얼마나 있습니까? 남이 말해준 정답은 한 귀로 들어가 다른 귀로 나가기 쉽습니다.

상담의 결과는 행동이어야 합니다. 교수자가 상담을 통해 더 좋은 수업을 하게 되어야 합니다. 비록 좋은 대책들이 컨설턴트에게 나왔어도 함께 의논하고 합의를 이끌어내어 교수자가 소유하게 해야 합니다.

우선적으로 구체적인 대책을 논한다

단점을 보완할 대책이 없는 경우와 정답을 알고 있는 경우를 소개하였습니다. 이번에는 대책이 많은 경우입니다. 이런 경우 컨설턴트가 알고 있는 모든 대책을 전달하지 않도록 조심해야 합니다.

> 예: 질문하고 스스로 대답하는 상황
>
> **피해야 하는 말**: 학생들에게 질문을 하신 후 선생님께서 스스로 답을 하시더군요. 질문에 삼차원적인 요소가 있습니다. 정답이 있는가 없는가, 어떤 수준의 교육 목표를 지향하는가, 질문을 누가하고 대답은 누가 하는가 등 이런 경우에는 이러쿵저러쿵…… 저런 경우에는 주절주절…….
>
> **바람직한 말**: 선생님께서 질문을 하시고 곧바로 대답을 하셨는데 소크라테스 방법을 의도하셨나요?

교수자가 아무 생각 없이 질문하고 답했다면 민망하지 않도록 "소크라테스 방법이었다면 문제가 없다"고 안심시켜드리고 있습니다. 동시에 그런 구체적인 방법이 있음을 알려주고 있습니다.

대책을 제안할 때에 장황한 이론은 가급적 삼가시기 바랍니다. 한 시간 남짓한 시간 동안 교수법 이론을 충분히 설명할 시간도 없을뿐더러 그리한들 별 도움이 되지 않습니다. 이론은 신뢰감을 주기 위해서 약간 언급하고 교수자가 쉽게 실행할 수 있는 구체적인 대책을 우선적으로 선택하여 논의해야 합니다.

차선이지만 현실적인 대책을 논한다

좋은 게 무조건 다 좋지는 않습니다. '그림의 떡'이란 속담이 있지 않습니까. 아무리 이론상 최고로 좋은 대책이라도 어떤 상황에는 전혀 맞지 않을 수 있습니다. 그래서 차선이라도 상황에 따라 가장 적합한 대책이 될 수 있도록 논하셔야 합니다.

> 예: 학생들 이름 부르기
> **피해야 하는 말:** 학생들의 이름을 일일이 다 기억하고 수업 중에 한두 명의 이름을 불러주면 무척 큰 학습 효과를 낼 수 있습니다.
> **바람직한 말:** 수업 전에 미리 한두 명의 학생 이름을 염두에 두시고 수업 중에 그 이름을 부를 수도 있습니다.

이론상 학생들의 이름을 다 외우는 것만큼 학생들의 학습 동기를 높여주고 교수자와 학생의 관계를 우호적으로 만드는 것이 없습니다. 그러나 한 반에 서른 명만 되어도 아이들의 이름을 외우기란 쉽지 않습니다.

달성하기 어려운 대책이 제시되면 좌절감이 앞섭니다. 희망을 얻고자 온 교수자는 곧 컨설팅에 실망을 느끼게 될 것입니다.

'새 시대 교수법' 컨설팅은 희망을 주는 것임을 꼭 기억하십시오.

'피해야 하는 말'과 '바람직한 말'의 유형

교수자에게 다가가는 말하기의 방법으로 '피해야 하는 말'과 '바람직한 말'을 요약하면 다음과 같습니다. 이를 잘 염두에 두어 교수자에게 희망을 주는 컨설턴트가 되길 바랍니다.

피해야 하는 말

이러니까 문제가 되는 것입니다. (설교)
이래야 된다고 생각합니다. (논쟁)
이렇게 해야 합니다. (충고)
이렇게 하시면 안됩니다. (협박)
이렇게 하시니까 그렇게 되어버린 것입니다. (비난)

바람직한 말

이런 것이 있습니다. (전달)
이런 것은 어떨까요? (제의)
다른 무엇이 있을까요? (의논)
어떻게 생각하십니까? (합의)
이런 경우에는? (전달)
저런 경우에는? (전달)

교수자의 감정 관리하기

성역은 성자와 신자들 외에는 아무도 들어가지 못하는 곳입니다. 서양에서는 살인자가 법을 피하여 성역에 숨어 있다는 사실을 알아도 경찰은 그곳에 발을 들일 수 없습니다. 프라이버시가 완전히 보장되어 있으며 외부 사람은 그 안에서 어떤 일이 일어나고 있는지 알 도리가 없습니다.

교실 역시 성역과 같다는 인식이 팽배합니다. 교실은 교수자 맘대로 해왔고 어느 누가 참견할 수 없는 곳이라는 생각이 지배적입니다. 교수자는 여태껏 수업에 관해서는 완전히 자유를 만끽해 왔습니다.

자유를 누리던 교수자가 컨설팅을 신청할 때에 어떤 기분일까요? 큰 용기를 내어 자신의 수업 모습을 처음으로 공개할 때에는 분명 만인 앞에서 발가벗는 기분일 것입니다. 신경이 바짝 쓰일 것입니다.

특히 비디오로 촬영하여 담은 기록이 영원히 남는다고 생각하면 불안하겠지요. 거기다 면담까지 한다면? 발가벗은 모습을 보이는 것만 해도 아찔한데 배가 많이 나왔다, 엉덩이가 홀쭉하다, 가슴이 처졌다 등 이런 분석과 평가를 받자니 마음이 조마조마할 것입니다. 한마디로 상담은 영 마음에 내키지 않고 '사서하는 고생'이라고 생각할 것입니다.

'새 시대 교수법' 컨설턴트는 이러한 교수자의 마음과 기분을 헤아려야 하고 교수자의 감정을 관리해서 상담이 잘 풀리도록 유도해야 합니다.

교수자의 감정을 다스리는 방법은 이미 앞부분에 많이 제시되었습니다. 상담 신청을 받는 즉시 교수자에게 상담 절차를 상세히 적은 '비디오 피드백 상담 안내서'를 보내는 것은 교수자의 마음을 가라앉혀주는 역할을 합니다. 기분이 고조되었을 때에는 작은 일에도 쉽게 짜증나지 않습니까? 그래서 궁금증이 짜증으로 확산되지 않도록 배려해야 합니다.

'신뢰감 형성하기' 또한 교수자의 감정 관리하기 차원에서 풀이할 수 있습니다. 환자는 의사 앞에서 발가벗는 것은 그렇게 창피하다고 생각하지 않습니다. 으레 그리하는 것이고 또 그렇게 해야 결국 자신에게 이롭다는 판단이 서기 때문입니다. 우린 믿을 수 있는 전문가 앞에서는 자신을 마음 놓고 맡깁니다. 당연한 일을 믿고 할 적에는 마음이 담담해집니다.

교수자가 컨설턴트를 대할 때에도 이와 비슷하게 담담한 마음이 생길까요? 말로는 아무리 당부해도 소용없을 것입니다. 그 대신 느긋한 마음이 들게끔 도와주어야 합니다. 도와주는 방법 중에 하나가 신뢰감 형성하기입니다.

교수자는 자신의 모습을 비디오를 통해 볼 때에 하고 싶은 말이 많습니다. 왜 그런 식의 수업이 되었는지, 왜 그렇게 보였는지, 왜 그런 반응

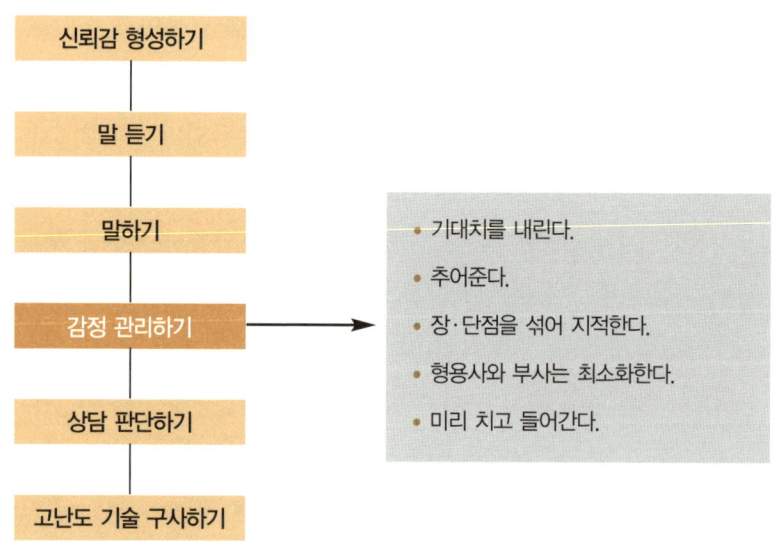

이 나왔는지, 왜 그럴 수밖에 없었는지, 왜 다르게 할 수 없었는지 등 나쁘게 말하면 변명이고 좋게 말하면 해명이지요.

하지만 컨설턴트는 굳이 교수자의 말이 변명인지 해명인지 따질 필요 없습니다. 그저 다 들어주면 좋습니다. 교수자가 말을 많이 하게 내버려 두어 '신경과민성 에너지'를 분출시키도록 하는 것이 좋겠지요. 그러니 '경청하기'도 감정 관리의 중요한 기술이 되겠습니다.

이 장에서는 감정 관리가 주요 목적인 기술을 소개합니다.

기대치를 내린다

아무리 대담한 사람도 비디오에 찍힌 자신의 모습을 볼 땐 잔뜩 긴장되기 마련입니다. 비디오를 보는 순간 교수자의 표정이 찌그러질 것입니다. 수업하는 모습이 교수자 자신이 상상했던 것보다 더 좋지 않아 보일 확률이 높기 때문입니다. 그러나 바로 이 점이 비디오 피드백이 노리는 효과입니다.

그래서 비디오를 관찰하기 전에 교수자가 마음의 준비를 할 수 있도록 도와주어야 합니다. "마음을 단단히 먹어야 한다"는 말 대신 "좋은 결과를 기대하지 말라"는 메시지가 담긴 말이 더 바람직하겠지요.

"비디오를 보기 전에 말씀드릴 게 있어요. 모니터에 보이는 선생님의 모습이 영 보기 싫으실 것입니다. 조명이 제대로 비춰줘야 모습이 깨끗이 나오는 법인데 아마 별로 좋지 않을 것입니다. 죄송합니다"와 같이 메시지가 담긴 말이 더 바람직하겠지요.

미리 좋지 않을 반응을 예고하여 '충격'을 완화시킬 수 있습니다. 그래서 '영 보기 싫을 것'이라고 과장법을 동원하여 상대적으로 '그리 나쁘지 않군' 하는 안도감을 들게 할 수도 있습니다. 그리고 사과를 할 이유가 없는데도 '죄송하다'는 말 한마디로 교수자의 방어태세를 푸는 방법도 동원되었습니다.

"원격 마이크에 잡힌 선생님의 목소리는 많이 어색하게 들리실 거예요. 그러니 목소리는 신경 쓰지 마세요. 목소리 자체보다는 말의 속도와 변화를 관찰하세요."

기대치를 내리는 동시에 진정 신경 써야 할 곳으로 안내하고 있습니다. 말의 속도와 변화에 신경을 쓰다 보면 자연히 목소리의 어색함이 신경을 자극하지 않게 됩니다.

추어준다

비디오는 교수자의 단점을 무척 잘 보여줍니다. "내가 이것을 잘못 하지는 않았는지 약간 걱정했는데 아니나 다를까 내가 잘못 다루었군." 교수자는 풀이 죽습니다. 그리고 자신이 실수한 장면이 또 나올까 바짝 긴장합니다.

비디오를 볼 때 교수자의 기를 죽이는 것이 하나 더 있습니다. 흰머리가 눈에 거슬려서, 뚱뚱해진 아랫배가 한심해서, 굵어진 팔이 보기 흉해서, 하필 그날 따라 헤어스타일이 엉망이어서 등 싫거나 마음에 안 드는 것이 한두 가지가 아닙니다. 이때 자신감을 심어주는 말 한 마디 슬쩍 던져주면 좋습니다.

"선생님께서는 아주 '포토제닉'하세요."

"예? 포토……?"

"선생님께서는 사진발을 잘 받으신다구요. 표정이 무척 밝네요."

"아, 그래요? 흰머리가 많이 보이는데……"

교수자의 얼굴에 찌푸렸던 주름이 약간 펴질 것입니다. 남녀노소 막론하고 자기 모습이 잘 나왔다는데 싫어할 사람은 없지 않습니까. 기분을 살리는 것도 중요하지만 교수자의 자신감이 회복되는 것이 필요합니다. 상담의 궁극적 목표는 교수자에게 스스로 발전할 힘과 희망을 주는 것이라고 했습니다. 교수자가 풀이 죽어서는 희망에 찬 컨설팅이 될 수 없습니다.

위의 예는 또다른 차원에서 긴장을 풀어주고 있습니다. 일부러 '포토제닉'이라고 어려운 말을 하여 교수자의 신경을 비디오에서 떠나게 하고 있습니다. 단 0.5초라도 비디오에서 해방시키고 있습니다.

장·단점을 섞어 지적한다

장점을 한꺼번에 쭉 지적하고 난 후 단점을 지적하는 것은 좋지 않습니다. 비행기를 타고 한참 위로 올라가다가 갑자기 한도 끝도 없이 아래로 곤두박질치는 기분일 테니까요. 상담 때문에 교수자의 감정이 극에서 극으로 변하는 것은 바람직하지 않습니다.

장·단점을 두루 섞으면 교수자의 감정에 큰 기복이 없게 됩니다. 기분이 약간 좋다가 곧바로 떨어지고, 좀 기분이 쳐졌다 싶으면 다시 올라가니까요. 결국 같은 장점과 단점이 지적되었지만 교수자가 느끼는 감정에는 큰 차이가 있습니다. 장·단점을 섞는 데에도 기술이 필요합니다. 무턱대고 장점 하나, 단점 하나 돌아가면서 말하는 것이 아닙니다.

- 장점을 지적하고는 '하지만'으로 시작하는 말로 이어가지 않아야 합니다. '하지만'이라는 말은 장점의 가치를 떨어뜨리기 때문입니다. 애써 장점을 찾아주었는데 오히려 상대의 기분을 상하게 만들게 됩니다.
- 단점을 지적하고 나서 '하지만'으로 시작하는 말로 이어가야 합니다. 이로 인하여 단점이 치명적이지 않다는 점을 말해주어 상대를 안심시

켜주어야 합니다.
- 장·단점은 상대적인 것이므로 어떤 상황에서는 바람직해도 안 맞는 상황이 있을 수 있다는 뜻을 전해야 합니다.

결국, 장점이 단점이 될 수 있는 반면 단점이 장점이 될 수 있다는 것을 암암리에 알려주어야 합니다.

형용사와 부사는 최소화한다

정확한 표현을 하기 위해서나 풍부한 정보를 전달하기 위해서는 형용사와 부사가 필요합니다. 하지만 형용사와 부사는 감정을 자극하는 역할을 할 때가 흔합니다. 특히 정도를 나타내는 단어는 자제하는 것이 좋습니다.

"선생님의 말 속도는 무척 빠릅니다."
"꼭 앞에 앉은 학생을 항상 지적하시더군요."
"선생님의 판서는 깨알같이 작습니다."
"정신 없이 조는 학생들이 보였습니다."

'무척, 항상, 깨알같이, 정신 없이' 등은 컨설턴트의 가치 판단과 해설이 들어간 평가입니다. 컨설턴트의 개인적 성향과 가치관이 수업의 판단 기준이 되어서는 안 됩니다. 만인에게 인정 받는 수업의 대가가 아니라면 사적인 평가는 지양해야 합니다.

'큼직하게'라는 한 마지막에는 다소 설명이 필요합니다. "교육 목표를 쓰셨습니다"하면 사실을 말한 것이니 아무런 문제가 없습니다. 하지만 '큼직하게'라는 부사가 있음으로써 가치판단이 들어가고 맙니다. 컨설턴트는 장점으로 말했어도 예민해진 교수자는 단점으로 오해할 수 있습니다.

감정이 배제된 상담은 활기를 잃을 수 있습니다. 감정은 가라앉혀도 열의는 생생해야 합니다. 가능한 그림, 도표, 통계 등을 제시하면서 설명하십시오. 열의는 철저한 준비로 느껴지도록 해야 합니다.

미리 치고 들어간다

간호사가 주사를 놓기 바로 직전 엉덩이를 한 대 찰싹 때립니다. '앗!' 하는 순간 주사 바늘은 살 속 깊이 들어가지요. 정신이 들면 그 땐 이미 주사가 끝나버립니다. 얼떨결에 주사를 맞게 되는 것입니다. 주사를 상대적으로 아프지 않도록 해주는 멋진 기술입니다.

이와 같이 상담할 적에도 문제점이나 단점을 지적할 경우 일부러 긴장감을 순간적으로 올려서 단점을 지적받는 아픔을 감소시키는 기술이 가능합니다. 여러 기술이 있지만 가장 쉬운 방법은 컨설턴트가 교수자의 큰 단점을 발견한 것처럼 행동하는 것입니다. 교수자는 순간적으로 긴장을 잔뜩 하게 됩니다. 그 순간을 놓치지 않고 단점을 지적하는 것입니다.

그러나 교수자가 곧바로 이 모든 것이 유머라고 알아차리게 해야 합니다. 유머에는 타이밍이 중요합니다. 주사 놓을 때도 두 번 아프지 않도록 찌르는 타이밍이 중요하듯이 말입니다. 간호사가 별 신경 안 쓰고 때리는 것 같아 보이지만 사실 기술이 들어간 것입니다

주사를 놓는 비유가 적절한 이유가 하나 더 있습니다. 너무 세게 때리면 근육이 오그라들어 주사 바늘이 들어갈 때에 더 아플 수 있습니다. 너무 약하게 손만 슬쩍 대면 오히려 신경이 엉덩이 쪽으로 죄다 몰려 주사 바늘이 들어갈 적에는 아픔이 더할 수가 있습니다. 이와 같이 긴장감을 고조시킨 정도와 지적된 단점의 중대함이 서로 맞아야 합니다.

교수자 유형에 따라 상담 전략 세우기

교수자는 여러 유형으로 구분할 수 있습니다. 컨설턴트는 교수자 유형에 따라 상담 전략을 다르게 구사할 수 있는 유연성과 순발력을 키워야 합니다.

유형은 흔한 순서로 나열하였습니다. 다행히도 이것은 상담하기 쉬운 순서이기도 합니다.

유형은 참고 사항입니다. 모든 교수자를 이런 유형에 끼워 맞출 수 없고, 맞춘 제안 사항대로만 했다가는 큰 문제가 생길 수 있습니다. 그저 참고하는 정도로 읽으면 좋겠습니다.

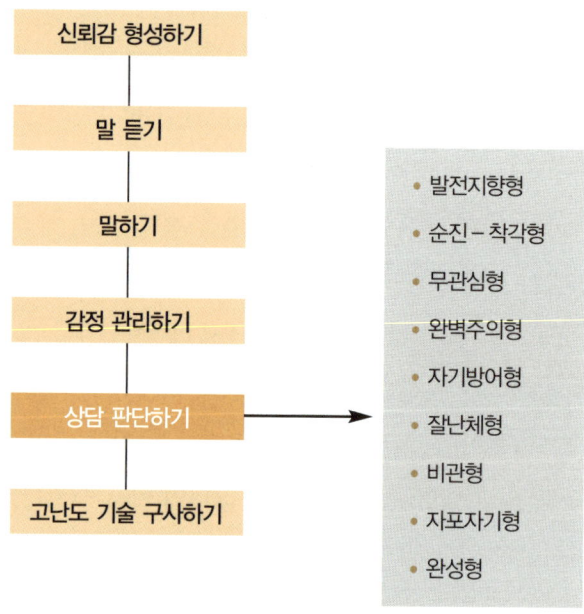

발전지향형

유형 특성: 개선해야 할 점이 있다는 사실을 알며 적극적으로 배우려고 하는 매우 긍정적인 자세를 지닌 교수자.

자가 진단: 단점을 무척 많이 적음.

마음가짐: 나는 개선해야 할 점이 많아. 빨리 전문가의 도움을 받아 발전해야지.

전문 처방: 자가 진단에 지적된 단점을 주로 다룬다. 이에 대한 개선 방안을 구체적인 대책 위주로 직접 말해 준다. 중간 중간에 장점을 찾아주고 격려해준다.

발전지향형의 교수자는 매우 적극적이고 긍정적입니다. 부족한 면을 지적하면 겸손하게 받아들이고, 장점을 말하면 환한 미소를 짓습니다. 특히 스스로 지적한 단점이 그다지 큰 문제가 되는 단점이 아니라고 말해주면 기뻐합니다.

이 유형의 교수자는 컨설팅에서 비록 많은 것을 얻지 못하더라도 컨설턴트에게 진심으로 고마움을 표시합니다. 컨설팅을 준비한 시간이 고맙고, 관심을 보여준 것도, 고민을 들어준 것도 고맙고, 그 덕분에 조금이라도 발전하게 된 것을 고마워합니다.

그래서 발전지향적 교수자를 컨설팅하는 것만큼 신이 나고 보람되는 경우가 없습니다. 컨설팅이 끝나고 나면 마음이 매우 흐뭇해지는 것을 느낄 수 있습니다. 이 기분 때문에 컨설팅을 계속하고 싶어집니다.

그러나 컨설턴트는 모든 교수자가 이런 교수자이기를 바라는 마음이 들지 않도록 각별히 조심하셔야 합니다. 이런 마음이 드는 순간, 다음 컨설팅 시 실망으로 말미암은 괴로움만 커질 뿐이니까요.

순진-착각형

유형 특성: 개선해야 할 점이 있다는 사실을 모르고 있으나 지적 시 쉽게 인정하는 교수자.

자가 진단: 눈에 쉽게 보이는 시시한 단점만 적음.

마음가짐: 난 그런대로 잘하고 있다고 생각하지만 전문가의 의견도 한 번 들어보자.

전문 처방: 본인이 생각하지 못한 단점과 장점을 지적해 준다. 자가 진단에 작성한 단점에 대한 해결책은 간단하게 설명하고 고난도 기술에 대한 참고 문헌을 소개한다.

주로 초임 교원들이 이 유형에 해당합니다. 아직 교수법 철학과 기법을 이론으로만 접한 상태여서 뭐가 뭔지 잘 모르고 있습니다. 본인의 어떤 부분이 단점인지, 왜 그 점이 문제가 되는지 모르기도 합니다. 하지만 순진한 상태이기 때문에 설명해주면 순수하게 인정하고 제안을 귀담아 듣습니다.

이 경우, 컨설턴트는 교수자에 대해 '어이없다', '한심하다', '이렇게 모르면서 어떻게 교사가 되었을까?'라며 무시하거나 경멸하는 마음이 들지 않도록 조심해야 합니다. 그러한 뉘앙스를 풍기는 말투나 표정은 순진-착각형의 교수자에게 큰 상처만 줄 것입니다.

무의식에서 의식 상태로 만들어 주는 것이 비디오 컨설팅의 핵심 깨달음입니다. 그래서 저는 순진-착각형이 발전 가능한 유형이라고 생각합니다. 그래서 이 유형에게 필요한 것은 깨달음 후에 '그럼 어떻게 해야 하나?'라는 질문을 만족시킬 수 있는 구체적인 교수법에 대한 안내입니다.

무관심형(수업 컨설팅을 강요받은 경우)

유형 특성: 고용 조건 또는 오리엔테이션의 일부로 선택의 여지없이 억지로 컨설팅하게 된 신임교원.

자가 진단: 가장 일반적이고 눈에 쉽게 띄는 장·단점 몇 가지를 성의 없이 적음.

마음가짐: 아유, 지겨운데 시간이나 때우자.

전문 처방: 상담의 초점을 '교수법', '커뮤니케이션 기술', '발표 기술', '대인관계 기술' 중 하나를 선택하라고 하여 선택의 여지를 준다. 비록 선택의 여지가 없이 컨설팅에 왔지만 무엇을 토의하고 어떤 방향으로 발전할 것인지는 교수자에게 달렸다는 점을 간접적으로 설득한다. 비디오 관찰하는 시간을 늘인다. 교수자가 말하는 시간이 길도록 한다. 교수자 스스로 단점을 많이 지적하도록 유도한다.

이제부터 어려워지기 시작합니다. 애초에 교수법에 대한 관심과 열정이 없는 유형이기 때문에 컨설팅 과정에서 '김이 빠지기 쉬운' 경우입니다. 이때 컨설턴트는 선택해야 합니다. "나의 열정마저도 식혀버릴 것인가, 아니면 교수자의 열정을 지펴줄 것인가."

초보 컨설턴트는 교수자의 감정에 휘말리고 그의 에너지에 따라갑니다. 유능한 컨설턴트는 교수자를 자신의 긍정적 정서와 교수법에 대한 열정에 감염되도록 유도합니다. 컨설팅이란 교수법에 대한 지식을 전달하는 것이 아니라 교수자가 교수법을 하찮은 것으로 여기지 않고 존중하도록 돕는 일(동기부여)임을 잊지 말아야 합니다.

완벽주의형

유형 특성: 별 문제가 없는데 뭔가 더 잘할 수 있을 것이라고 애쓰는 교수자.

자가 진단: 단점을 장점보다 더 많이 적음.

마음가짐: 내가 뭔가 더 잘할 수 있을 것 같은데…….

전문 처방: 단점을 하나라도 더 발견해 주어야 안심하는 유형이기 때문에 단점을 찾아준다. 장점을 찾아주고, 단점으로 지적된 점을 보완하는 기술을 알려준다. 수업 기술보다는 교수법이나 교육 이론을 논한다. 간접적인 방법(프린트)을 동원하여 도움을 준다. 교수자의 행동(수업, 가르침)에서 학생들의 반응(학습, 배움)으로 논의의 초점을 옮긴다.

무관심형만큼 어려운 경우이지만 이유는 완전히 반대입니다. 이제는 컨설턴트의 실력이 도전받기 때문입니다. 완벽주의형의 교수자는 나름대로 교수법에 많은 관심을 두고 공부했기 때문에 이론만큼은 컨설턴트보다 더 많이 알 수도 있습니다. 이제는 컨설턴트가 교수자를 무시하는 마음이 들지 않도록 조심하는 대신, 교수자가 컨설턴트를 무시하지 않도록 조심해야 하는 상황이 되었습니다.

이럴 때 철저한 사전 준비만이 확실한 해결책입니다. 첫째, 교수법에 대한 안내서, 책자, 참고서, 유인물 등을 미리 준비하여 교수자와 면담할 때에 적극적으로 활용해야 합니다. 둘째, 교수자 스스로 발견하지 못한 장점과 단점을 적어도 한 가지씩은 미리 준비해 두어야 합니다. 그래야 교수자가 컨설턴트를 인정할 것이기 때문입니다.

자기방어형(주로 학교장의 권유로 상담을 신청한 경우)

유형 특성: 개선해야 할 점이 있다는 사실을 알지만, 학생이나 환경으로 탓을 돌리는 교수자.

자가 진단: 단점을 별로 적지 않음.

마음가짐: 내가 못하는 이유는 학생들이 배우고 싶어하는 마음이 없기 때문이다.

나는 잘하려고 하는데 도무지 그리 할 수 있는 시간적 여유가 없다.

전문 처방: 해명(또는 변명)을 일부만 인정한다. 공감대를 형성한다고 전적으로 동의해서는 안 된다. 단점을 지적 받으면 자기방어 메커니즘이 작동되기 때문에 확실하게 눈에 띄는 단점만 지적한다. 눈에 잘 안 띄는 단점은 말 대신 글(보고서)로 전달한다. 첫 면담의 목표를 컨설팅에 대한 거부감을 없애는 것으로 세우고 가능하면 장기전을 치른다. 하지만 그 열악한 상황에서도 교수자가 할 수 있는 일이 있다는 점을 설득한다.

가장 신경이 많이 쓰이고 컨설팅이 끝난 후에도 찜찜한 기분이 가장 오래 남는 유형입니다. 피해 의식이 이 유형의 교수자를 지배하기 때문에 이들은 자신의 부족함을 책임지지 않으려고 합니다. 책임지지 않는 사람에게 변화에 대한 조언은 불쾌한 도전으로 받아들여질 수 있습니다. 그래서 피해 의식을 버리도록 유도하되 성급한 마음을 버려야 할 것입니다.

잘난체형

유형 특성: 수업을 대체로 잘함. 잘한다는 사실을 알고 있으며, 그 것을 확인하고 인정받고 싶어하는 교수자.
자가 진단: 장점을 많이 적음.
마음가짐: 내 단점을 찾아보시려면 찾아보시오!
전문 처방: 잘함을 인정해주고 칭찬한다. 교수자 자신이 모르고 있던 장점을 한 두어 개 더 찾아준다. 수업 컨설팅의 '홍보대사' 역을 맡긴다.

컨설팅이 끝난 후에 씁쓸함을 느낄 수도 있는 유형입니다. 교수자가 늘 어놓는 자기 자랑을 들어주자니 피곤하고, 교수자의 자존심을 상하지 않도록 배려하자니 속이 불편하기 때문입니다.

제가 컨설팅을 처음 할 때에 잘난체형을 몹시 얄미워했습니다. 한 대 콕 쥐어박아서 정신이 번쩍 들게 하거나 큰 단점을 여러 개 찾아 코를 납작하게 만들고 싶은 충동을 느끼기도 했습니다. 그러나 그것이 미성숙한 마음가짐에서 비롯된 것임을 깨닫고 정성을 다해 컨설팅하게 되었습니다.

그래서 제가 고안한 방법은 이런 유형의 교수자를 불쌍하게 여기는 것입니다. '주변에 얼마나 칭찬에 인색한 사람들만 있었기에 칭찬과 인정에 그토록 굶주렸을까?' 하고 생각하면서 나라도 칭찬을 하자는 식으로 접근해보았습니다. 효과가 있습니다. 98퍼센트 정도로.

비관형

유형 특성: 별 문제가 없는데도 뭔가 더 잘할 수 있을 것이라며 불안해 하는 교수자.
자가 진단: 시시한 단점과 결정적인 단점을 구분하지 못하고 죄다 적음.
마음가짐: 수업 평가는 잘 나오지만 아직 멀었어.
전문 처방: 완벽하기가 쉽지 않다고 동의한다. SMART 목표 적기를 권장한다.

잘난체형과 정반대 유형이지만 피곤하기는 매한가지입니다. 두 유형 다 본인의 인식이 극단으로 치우친 상황이기 때문에 교수법을 논하기 전에 먼저 마음의 정도와 중심을 찾아주는 작업이 필요합니다. 하지만 그것을 찾아주는 일이 여간 어려운 것이 아니어서 금세 피곤해지는 것입니다.

비관형은 끝이 없는 완벽을 추구하면서 스스로 힘들어합니다. 학교와 학생과 학부모는 완벽한 교사를 요구하지 않습니다. 수업 컨설팅은 완벽한 수업에 목표를 두지 않습니다. 교육 목표에 적합하고 상황과 환경에 적절한 수업을 추구할 뿐입니다.

교수자가 자기의 개인 목적을 달성하기 위해서가 아니라, 스스로 학생에게 필요한 존재로서 수업의 목적을 달성하기 위해 노력해야 합니다. 교수자가 부족하다고 느끼더라도 수업을 하는 데 충분하면 충분한 것입니다.

비관형의 교수자에게는 SMART 발전 목표를 세우게 하는 게 우선입니다. Smart는 '구체적(specific)이고, 측정 가능(measurable)하고, 행동 위주(action-oriented)이며, 현실적(realistic)이고, 한시적(time-bound)'이라는 단어의 약자입니다.

자포자기형(자발적으로 오는 경우는 거의 없음)

유형 특성: 개선해야 할 점이 있다는 사실을 알지만, 어쩔 수 없다는 교수자.

자가 진단: 장·단점을 모두 적지 못함. 면담 시 말수가 적음.

마음가짐: 내가 못하는 이유는 내 잘못이 아니다. 그러니 나에게 더이상 뭐라고 하지 말아다오, 제발!

전문 처방: 일단 장점을 많이 찾아준다. 단점을 지적하지만 해결책은 장기적 방법으로 미룬다.

컨설팅하기 가장 어려운 유형입니다. 무관심과 비관, 자기 방어라는 과정을 두루 거친 후, 더는 아무것도 하고 싶지 않다는 단계에 놓여 있기 때문입니다.

컨설턴트는 가능한 교수자가 말을 많이 하도록 유도해야 하는데 이 유형의 사람들은 말이 별로 없습니다. 말을 하면서 마음도 풀리고 이치에 맞지 않는 부분이 있다면 눈치도 챌 텐데, 말이 없으니 난감해집니다.

의식을 잃은 환자를 대할 때 환자의 병을 진단하고 약을 준비하기보다 응급 처치로 심폐소생술부터 시도하듯이, 자포자기 유형의 교수자에게 비디오 분석은 그다지 의미가 없습니다. 특히 단점에 대한 분석은 전혀 쓸모가 없습니다. 그래서 응급 처방으로 여러 가지 장점부터 찾아주어야 합니다.

대부분의 자포자기형은 자신의 장점을 듣는 순간 생기가 돕니다. 겉으로는 표시하지 않거나 습관이 되어 표현하지 못하더라도 속으로는 매우 좋아합니다. 이후 컨설팅에 관심을 보이기 시작합니다. 너무 성급히 단점을 지적하지 않도록 조심하십시오. 상태에 따라 서서히 추진해야 합니다.

완성형

유형 특성: 수업을 무척 잘하고 있다는 사실을 알며 더이상 투자하는 것으로 얻을 것이 크지 않은 경지에 있음.

자가 진단: 장·단점을 거의 적지 않음.

마음가짐: 물론 더 발전할 수 있지만······.

전문 처방: 애써 장·단점을 찾고 논의하지 않는다. 그 대신 수업 컨설턴트가 되기를 제안한다.

완성형은 주로 컨설팅 자체에 관심이 있어서 컨설팅을 받아보는 경우입니다. 그래서 완성형의 교수자와 수업의 장·단점을 의논하는 것은 그다지 효과적이지 않습니다. 진정성이 빠진 상태이기 때문입니다.

진정성이 없다고 완성형을 부정적으로 대할 필요는 전혀 없습니다. 단, 수업 발전을 위한 컨설팅에는 관심이 없으니 컨설팅의 목표를 다르게 세우면 됩니다.

컨설팅 자체를 설명해주고 유능한 교수자를 컨설턴트로 유치하는 기회로 여기면 오히려 좋은 만남이 될 수 있습니다. 컨설턴트가 동료 컨설턴트와 만나서 대화할 때는 한층 높은 차원의 대화를 나눌 수 있기 때문입니다. 이 기회를 즐기면 됩니다.

수업 상담 가이드라인을 벗어나라

고난도 기술은 지금까지 나온 열두 가지 원칙과 상담 기술을 모두 잊어버리는 것입니다. 금기 네 가지를 어기는 것이고, 방법 네 가지를 지키지 않는 것입니다. 그리고 상담 기술에 나온 절차와 세세한 사항을 따르지 않는 것입니다. 즉 고난도 기술이란 상담 가이드라인을 완전히 벗어나는 것입니다.

가이드라인을 벗어나야 교수자를 별개의 개인으로 대할 수 있고 매 상황을 새로운 눈으로 볼 수 있게 됩니다. 그러면 비로소 개별적인 상담을 할 수 있습니다.

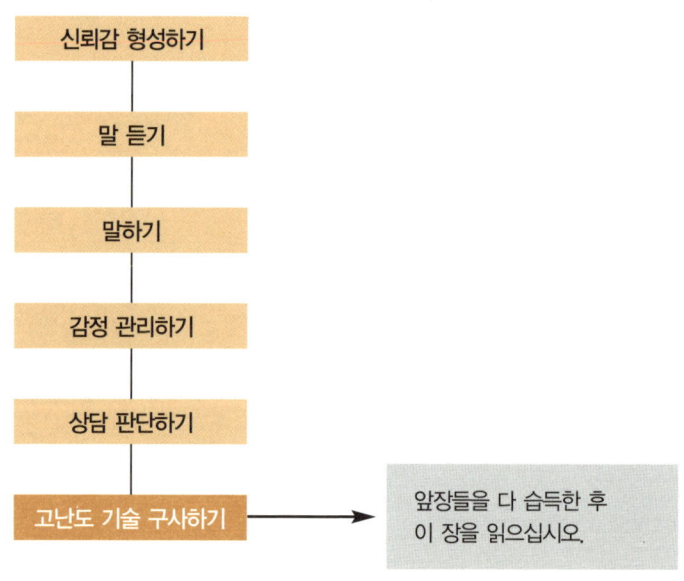

개별적 상담의 차원으로 가려면 지식을 갖추는 것만으로는 부족합니다. 책에 나오는 정형화된 형식지(形式知)의 한계를 넘어 말이나 글로 표현되지 않지만 체험으로 익힐 수밖에 없는 암묵지(暗默知)의 차원으로 넘어가야 합니다.

그래서 고난도 기술은 약 2년 정도 상담 가이드라인을 철저히 따르고 난 후에 시도해야 합니다. 2년 후에는 상담 가이드라인을 하나씩 테스트해 보면서 자신에게 적합한 스타일을 만들어나가야 합니다.

상담을 하고자 하는 분은 먼저 비디오 피드백 과정을 경험해야 합니다. 자신의 수업을 녹화하고 남에게 공개하고 그들에게 분석과 평가와 조언을 받아보셔야 합니다. 그래야 교수자의 마음을 이해할 수 있습니다. 고난도 기술은 자유로워지는 것이지만 '새 시대 교수법' 컨설턴트가 끝까지 지켜야 할 원칙이 하나 있습니다.

'새 시대 교수법은 희망을 주는 것입니다.'

4

발전된 수업을 위한
'마이크로 티칭' 기술

마이크로 티칭 방법과 절차

앞서 설명한 수업 컨설팅 방법은 수업을 사전에 비디오 테이핑 한 후 일대일 면담 형태로 피드백을 진행하는 것입니다. 이제는 비디오 피드백의 또다른 방식인, 피드백을 즉시 하는 마이크로 티칭을 운영하는 방법에 대해 언급하고자 합니다.

일단 마이크로 티칭의 모습은 다음과 같습니다. 교수자 열두어 명이 한 자리에 모였습니다. 각자 돌아가며 약 10분씩 수업을 합니다. 발표를 비디오로 녹화해도 됩니다. 일부만 발표하고 나머지는 다음 만남에서 계속할 수 있습니다. 한 명의 교수자가 발표할 때 나머지 교수자는 학생의 역할을 맡는 동시에 수업에 대한 피드백을 해야 하기 때문에 컨설턴트 역할도 맡습니다. 여기서는 마이크로 티칭을 진행하는 자만 컨설턴트라고 칭하겠습니다.

교수자 한 명의 발표가 끝나면 곧바로 동료 교수자가 돌아가며 수업에 대해 코멘트를 합니다. 이때 컨설턴트의 역할은 동료 교수자의 코멘트가 마이크로 티칭의 목표에 부합하고, 논의의 범위에서 벗어나지 않고, 참가자의 신경이 예민해지지 않도록 조율하는 것입니다. 피드백의 질을 높이는 동시에 긍정적인 경험이 되도록 조율하는 일입니다.

이때 컨설턴트는 크게 두 가지를 해야 합니다. 첫째로 마이크로 티칭 운영 방침(규칙)을 모두에게 확실히 전달하는 것이며, 둘째로 적시에 끼어들어 직접 코멘트를 하면서 참가자들에게 코멘트하는 방식의 모범을 보이는 일입니다. 피드백 코멘트가 피상적이거나 상투적인 내용에 한정되면 마이크로 티칭에 대한 기대는 빠르게 증발해 버립니다.

참가자가 지켜야 하는 규칙

마이크로 티칭을 시작하기 앞서 컨설턴트는 참가자에게 몇 가지 규칙을 정해서 알려주어야 합니다.

첫째, 처음부터 자존심을 버릴 수 있도록 간단한 절차 의식을 치릅니다. 마이크로 티칭의 가장 큰 걸림돌은 쓸데없는 자존심이기 때문입니다. "우리 모두 문밖에 나갔다가 다시 들어옵니다. 들어오실 때에는 우리가 두껍게 껴입고 있는 '자존심'이란 외투를 옷걸이에 걸어두십시오." 그리고 참가자들이 들어올 때 "들어왔습니다"라고 한마디 하도록 하면 더욱 좋습니다.

물리적으로 문밖에 나갔다가 다시 들어오기 어려우면 모두 눈을 감게 합니다. 그리고 마음을 다해 자존심이란 외투를 벗어두고 들어오는 모습을 상상하게 합니다.

외투를 벗었다고 생각했지만, 마이크로 티칭이 진행되면서 자신이 여전히 겹겹이 외투를 입고 있다는 사실을 깨달을 때도 있습니다. 벗고 벗어도 또 한 겹의 자존심이 남아서, 발표할 때에 불안감이 엄습하거나 발표에 대한 지적을 받으면 마음이 불편해집니다. 그래서 마이크로 티칭을 하는 중간에 다시 한번 "자존심을 옷걸이에 걸어두자"고 언급하면 좋습니다.

둘째, "앞에 다른 분들이 이미 제가 하고 싶은 말을 다 하셨기 때문에……"라는 말을 하지 않습니다. 마이크로 티칭 시 가장 흔히 나오는 코멘트입니다.

아무리 할 말이 없다고 해서 이런 영양가 없는 말을 하면서 아까운 시간을 낭비하지 말자고 당부합니다. 더이상 코멘트가 없다면 "코멘트 없습니다"라고 해도된다고 말해줍니다.

셋째, 단점을 먼저 말하고 장점을 말합니다. 순서가 중요합니다. 우리는 흔히 "선생님은 이러이러한 것을 잘 하십니다. 그러나 이게 문제입니다"의 순서로 말합니다. 긍정성에서 시작하고 부정성으로 마무리 했습니다. 저는 컨설팅은 긍정적 경험이어야 한다고 생각하기 때문에 부정성에서 시작하되 긍정적 메시지로 마무리 지어야 한다고 생각합니다.

물론 조삼모사 격이지만, 제가 이 방식을 요구하는 이유는 우리의 무의식적 언어 습관에서 의도적으로 벗어나는 연습을 하자는 것입니다. 마이크로 티칭에 참여하는 취지는 평소 무의식적으로 하던 습관을 관찰(의식)해보자는 것이었으니까 코멘트하는 것마저 연습으로 여기면 두 배의 효과를 거둘 수 있습니다. 언어 습관에서 벗어난 후에는 순서는 그다지 중요하지 않습니다.

넷째, 단점을 지적할 때는 미안해하거나 돌려서 말하지 않고 직설적으로 합니다. 우리는 남이 상처받지 않게 하려고 단점을 빙빙 돌려 말하기도 합니다. 그러나 그것이 본의 아니게 상대의 마음을 더 아프게 할 수 있습니다. 참가자들은 어차피 단점을 지적받을 각오를 하고 왔습니다. 그런데 빙빙 돌린 단점을 들으면 신경이 더 쓰이게 될뿐더러 더 비참하게 느껴지기도 합니다.

불필요한 동정심은 상대를 더욱 초라하게 느껴지게 할 수도 있다는 뜻입니다. "아니, 내 발표가 얼마나 부족해서 위로를 받아야 할 정도란 말인가?" 그래서 단점을 말할 때에는 자신이 보고 느낀 점을 간단명료하게, 그리고 담담하게 전달해야 합니다.

또한 '나도 잘못하면서 남의 단점을 지적하기가 꺼려진다' 는 생각을 하지 말아야 합니다. 본인은 못하더라도 타인의 결과물을 평가할 수 있는 법이니까요. 영화 평론가가 영화감독보다 영화를 더 잘 만들어서가 아닙니다.

더 나아가 단점을 노골적으로 지적하면 나중에 내가 발표할 때 공격받을까 두려워 단점을 살살 지적하는 것도 바람직하지 않습니다. 어느 누구에게도 도움이 되지 않는 비겁한 행동입니다.

다섯째, 단점을 하나 말하면 반드시 장점도 하나 말합니다. 가장 흔히 우리는 단점을 발견해 주는 게 남을 도와주는 거라고 생각합니다. 하지만 제가 주창하는 수업 컨설팅의 목적은 교수자의 장·단점을 다 발견하고, 특히 장점에서 더 크게 발전할 가능성과 희망을 얻고자 하는 것이라고 여러 차례 강조하였습니다.

여섯째, 장점을 구체적으로 지적합니다. 흔히 참가자는 남의 단점을 구체적으로 세세하게 지적하면서 장점은 전반적으로 두루뭉술하게 코멘트 합니다. 예를 들어 "설명을 잘하셨습니다. 그러나 말이 빠르고, 톤이 높았어요. 판서 글씨가 너무 작고 시선이 칠판 쪽에 오래 머무르고······" 라는 코멘트는 균형을 이루지 못하고 있습니다. 장·단점을 함께 말했지만, 장점은 형식적인 반면 단점은 구체적입니다.

우리가 잊지 말아야 할 것은 장점을 지적하는 목적 역시 발표자를 돕기 위해서입니다. 구체성이 있어야 도움이 됩니다.

일곱째, 단점을 지적하면 가급적 동시에 해결할 수 있는 방안을 제시합니다. 문제점을 발견하는 건 쉽지만 해결책을 제안하는 것은 쉽지 않습니다. 만약에 해결책을 제안할 필요없이 문제점만 지적하게 하면 오만 가지 문제점이 지적됩니다.

우리가 원하는 건 문제가 하나도 없는 이상적인 수업이 아닙니다. 그런 수업은 애초에 가능한 게 아닙니다. 대책 없는 지적은 그저 마음만 아프게 할 뿐 도움이 되지 않습니다.

수업 컨설팅은 해부 실험이 아닙니다. 교수자에게 칼을 들이대려면 수습할 대책을 가지고 해야지 피만 흘리게 해서는 전혀 도움이 되지 않습니다.

단점에 대한 해결책까지 제시해야 할 경우에는 코멘트하고 싶은 사항이 열 가지나 되더라도 그 중에 발전 가능한 것을 좀 더 신중하게 선택하게 됩니다. 즉, 책임 있는 발언을 하도록 유도하는 것입니다.

여덟째, 남의 발표를 듣는 동안 참가자는 학생의 입장이 되어 참여합니다. 예를 들어 발표자가 질문하면 일반적인 수업에서 학생들이 보이는 반응을 연출해야 발표자가 그러한 상황에 어떻게 반응하고 대응해야 할지를 알 수 있습니다.

위 여덟 가지 기본 이외에 마이크로 티칭의 효과를 높이기 위해 추가로 규칙을 정하기도 합니다. 물론 꼭 지켜야 하는 규칙은 아닙니다.

- 코멘트하는 순서는 매번 다른 사람이 시작하고, 바로 옆 사람으로 이어가게 합니다. 그래야 순서가 늦게 오는 바람에 본인 차례에는 할 말이 없다는 부담을 줄일 수 있습니다.
- 순서를 건너뛰고 싶어하는 분은 건너뛰게 하되 한 바퀴 돈 후에 되돌아옵니다. 즉, 순서를 건너뛰면 그만큼 코멘트에 대한 부담이 증가합니다. 그러나 생각을 할 시간을 벌 수 있고, 가끔 남이 말한 코멘트에서 아이디어를 얻는 경우도 생깁니다.
- 마이크로 티칭 중간부터는 목소리, 몸동작 이외의 항목에 대해 말하게 합니다. 쉽게 지적할 수 있는 것은 첫 한두 발표에 대한 코멘트할 때 다 나왔을 법한 게 지속적으로 지적되면 식상해집니다. 중간쯤부터는 좀 더 질 높은 이야기가 될 수 있어야 합니다.

발표자가 지켜야 하는 규칙

　이제 가장 중요한 마지막 규칙은 코멘트를 듣는 교수자(발표자)에 대한 규칙입니다.

　발표자는 코멘트를 들은 후, "코멘트 잘 들었습니다. 고맙습니다"라고만 답합니다. 여기에 중요한 점은 '라고만'입니다. 발표자가 코멘트에 대한 코멘트는 하지 못하게 해야 합니다.

　남이 내 수업에 대해 지적하면 하고 싶은 말이 많아집니다. "어, 제가 그랬나요? 아닐 텐데……", "아, 그건 이런 이유 때문에 그랬어요", "정말 그랬네요. 그러나 제가 평소에는 그러지 않아요", "제안하신 것은 제 수업에는 별로 맞지 않을 것 같은데요. 왜냐하면……" 등 코멘트에 대해 일일이 반박하고 싶어집니다. 그 방어와 반박이 백 퍼센트 타당할 수 있습니다. 그래서 마이크로 티칭이 쉽게 논쟁이 되어버립니다.

　저는 이런 식의 논쟁이 끝이 없고 결국 감정만 상하게 하는 경우를 너무 많이 봤습니다. 그래서 저는 발표자에게 코멘트에 대한 코멘트를 일체 하지 못하게 합니다. 그러면 발표자는 억울하겠지요. 잘못된 지적에 대한 오해를 충분히 풀고 싶고 바로잡고 싶고, 특히 남들 앞에서 자신의 모습이 왜곡되어 지적받는 것은 용납할 수 없을 테니까요. 하지만 저는 그래도 코멘트 하지 못하게 합니다. 그대신 이유를 설명해 드립니다.

　"마이크로 티칭에 참석하신 분은 본인의 의견을 규칙에 의해 발언하실 자격을 얻으셨습니다. 코멘트는 그저 코멘트하신 분의 개인 의견일 뿐입니다. 그러나 제시된 의견을 발표자가 받아들여야 할 의무는 전혀 없습니다. 의견을 받아들일 것인지 아니면 무시할 것인지는 전적으로 발표자에게 달려 있습니다. 혼자 판단하시고 결정하시면 됩니다.

만약에 어느 분의 코멘트가 정말 터무니없거나 오해였다고 생각하시면 그것은 분명 다른 분들께서도 그리 생각하실 것입니다. 그러니 혹시 다른 분들께서도 내 수업을 잘못 생각하지 않을까 걱정하실 필요가 없습니다.

그러니 발표자께서는 동료 교수자가 한 코멘트에 동의한다는 뜻이 아니라 '코멘트 잘 들었습니다. 고맙습니다'라고 간단히 참여해 주어서 고맙다는 표시를 하면 좋겠습니다."

이렇게 충분히 설명해도 방어 또는 반박이 불쑥 나오게 됩니다. 사람은 그만큼 단점을 지적받는 게 싫습니다. 문제는 반박에 대해 또 방어를 하게 된다는 것입니다. 그래서 발표자가 조금 머쓱해지는 한이 있더라도 논쟁은 반드시 막아야 합니다. 컨설턴트는 반박이 나오는 순간 막아야 합니다. "코멘트에 대한 코멘트는 허락되지 않습니다."

발표자가 반박하지 못해도 참여자는 맘껏 할 수 있습니다. 한 분의 코멘트에 다른 분께서 상반된 의견을 발언하실 수는 있습니다. "아까 저 분께서 이 부분이 이렇다고 말씀하셨는데 저는 다르게 생각합니다"라는 식의 반박은 오히려 환영할 수 있는 코멘트입니다. 교수법에는 정답이 없고 다양한 시각과 평가가 가능하다는 것을 보여줍니다. 이렇게 다양한 의견이 나와야 활발한 논의가 가능해지고 마이크로 티칭의 묘미가 살아납니다.

다만 조금 더 선호되어야 하는 반박 말투는 "아까 이 부분이 이렇다는 발언이 있었는데 저는 다른 의견이 있습니다"입니다. 전자는 '저 분'이라고 사람을 지명하였고, 후자는 '이렇다는 발언'에 초점을 맞추었습니다. 누가 발언했는가가 중요하지 않고 그저 발언된 내용에 초점을 맞추면 자존심 싸움을 조금 더 피할 수 있습니다.

참여자가 반박할 기회는 마이크로 티칭이 어느 정도 진행되었을 시점에 주는 것이 좋습니다. 시작부터 반박이 들어오면 코멘트 하는 그 자체가 위축될 수 있기 때문입니다. 어느 정도 부담 없이 장·단점에 대해 코멘트가 나오는 시점에서 "지금부터는 한 분께서 하신 코멘트에 다른 의견이 있으면 발언하셔도 좋습니다"라고 하여 반박을 허락하십시오. 여기서 '반박'이라는 단어 대신 '다른 의견'이라는 단어를 사용했다는 점이 중요합니다.

그리고 발표자가 발표를 시작하기 전에 발표 내용이 수업의 어느 부분이며 대상자는 누구인지, 수업의 목표는 무엇인지를 밝힙니다. 수업은 대개 한 시간 정도 진행되지만 마이크로 티칭에서 주어진 시간은 10분 정도로 짧기 때문에 수업의 도입부, 중간, 마무리 중 어느 부분인지도 알려줍니다.

또한 몇 학년생과 몇 명, 어떤 목적을 이루기 위한 수업인지를 미리 밝혀야 참가자들이 상황을 참고하여 발표의 효과를 평가할 수 있습니다. 특히 발표하는 10분의 수업 목표가 지식을 전달하는 것인지, 어떤 깨달음을 얻게 하기 위해서인지, 또는 어떤 행동을 유도하기 위해서인지를 반드시 밝혀야 합니다.

마이크로 티칭에서 컨설턴트의 역할

앞서 조금 설명했듯이 컨설턴트의 역할은 실로 다양합니다. 마이크로 티칭이 주어진 시간 내에 계획대로 운영되도록 하는 진행자, 참여자들이 모두 참여할 수 있도록 살피고 격려하는 동기부여자, 발언하는 규칙을 지키도록 하는 감독 등 여러 가지 임무를 맡습니다.

그러나 가장 중요한 임무는 컨설팅의 모범을 보이는 것입니다. 컨설팅의 모범이란 두 가지 차원에서 이루어집니다. 첫째, 마이크로 티칭에서 일어나는 상황은 토론 수업과 매우 유사한 상황이지요. 그러니 우수한 토론 수업의 모범을 보여주는 계기가 되어야 할 것입니다.

둘째, 높은 품격으로 교수법에 대한 지적을 하는 모범을 보여야 참가자들이 보고 배우게 됩니다. 그래서 컨설팅은 아무나 할 수 있는 게 아닙다.

누가 피드백을 하면 컨설턴트는 적절하게 코멘트를 덧붙여 피드백의 품질을 높여주어야 합니다. 만약 결정적인 장·단점이 지적되지 않으면 컨설턴트가 넌지시 해주어야 합니다. 컨설팅 비전문가가 할 수 있는 코멘트 정도는 참여자가 할 수 있도록 먼저 기회를 주고, 이젠 나올 지적은 다 나왔다 싶을 마지막 순간에 참석자들이 "아하! 그런 면도 있었구나!" 하고 놀라는 코멘트를 할 수 있으면 최고의 컨설턴트인 것입니다. 이 경우 모든 참여자에게 지적 사항이 적용되도록 일반화하여 말해주면 좋습니다.

셋째, 교수자가 발표를 너무 힘들어하거나 남의 지적에 민감한 반응을 보이는 것은 '자존심'이라는 외투를 아직 다 벗지 못해서입니다. 이럴 때 컨설턴트는 발표자가 스트레스를 완화할 수 있도록 배려하는 것이 좋습니다. 발표 순서를 수정해서라도 마음을 놓을 수 있도록 도와주어야 합니다.

5
수업 컨설팅의
상담 내용

무엇을 컨설팅할 것인가

이 책의 앞부분에서 컨설팅을 어떻게 하는가에 대해 먼저 말씀드렸고 이제는 무엇에 대해 컨설팅 하는지, 즉 컨설팅 내용이 소개됩니다.

수업 컨설팅에 관심을 지닌 분들은 수업을 잘할 것이며 대체로 수업 컨설팅의 내용은 잘 알고 있을 것이라고 가정하였기에 컨설팅 방법을 먼저 다루었습니다. 하지만 수업 컨설팅 내용을 요약하는 것은 필요할 것 같습니다.

앞서 간단하게 소개하였듯이 컨설팅 내용은 크게 세 가지 종류로 구분합니다.

- 목소리, 몸동작, 도구 사용하기
- 수업 구성과 수업 진행
- 학생들과의 관계

목소리, 몸동작, 도구 사용하기는 눈과 귀에 쉽게 보이고 들리는 것이어서 컨설팅에서 쉽게 다루어집니다. 그래서 오히려 컨설팅이 이러한 표면적인 것에 치중되게 될 확률이 높습니다.

실제로 마이크로 티칭 시 동료 교사가 하는 압도적인 코멘트는 이러한 교사의 행동에 치우칩니다. 그러면 교수자는 "수업 컨설팅이 겨우 이런 초보적인 것이나 지적하는 것이라니……"라고 실망할 수 있습니다.

수업 구성과 수업 진행을 충분히 분석하자면 많은 시간이 소요됩니다. 저는 수업 하나 분석하는 데 5~6시간을 소요합니다. 그런 줄도 모르고 어느 기관에서는 저보고 스무 명이나 되는 교사의 수업을 단 반나절 만에 분석해 달라고 요청했습니다. 분석하는 흉내만 내달라는 말로 들렸습니다.

당연히 거절했습니다. 수업 컨설팅을 받고자 하는 교수자는 참으로 어려운 결단을 내리셨기 때문에 수업 컨설턴트는 한 명 한 명에게 최선을 다해야 합니다. 건성으로 하거나 흉내만 내서는 오히려 꼭 필요한 일에 먹칠만 칠하게 됩니다.

학생들과의 관계는 비디오에 쉽게 보여도 쉽게 지적하기 어려운 내용입니다. 특히 학생과 교수자가 대립된 상황이라면 상당히 곤란해집니다. 분명 학생의 입장에서 생각하도록 교수자를 유도하는 게 컨설턴트의 역할이지만 자칫 잘못하면 마치 학생 '편'을 드는 것처럼 느껴질 수 있기 때문입니다. 그렇다고 모호하게 어정쩡한 입장을 취하는 것도 못할 노릇입니다.

중요한 건 컨설턴트는 누구의 편도 아니라 학생과 교수자가 서로 한 편이 되도록 중매 역할, 또는 촉매자 역할을 해야 한다는 것입니다. 말은 쉬운 데 참으로 어려운 일입니다.

이 책에서 위 모든 내용을 충분히 다룰 수 없습니다. 특히 가장 어려운 학생들과의 관계 부분은 너무 광범위한 내용이어서 여기서는 다루지 않겠습니다. 이 내용에 대한 전문 서적을 참고하시기를 권합니다.

먼저 목소리에 신경 써라

비디오에서 관찰할 사항 중에서 가장 두드러지게 나타나는 것은 목소리입니다. 신경 써야 할 부분은 발음의 정확도, 소리의 크기, 말의 속도, 그리고 소리의 변화입니다.

목소리 체크 항목
- ☐ 목소리 크기가 적절하다.
- ☐ 말하는 속도가 적절하다.
- ☐ 목소리에 변화가 있다.
- ☐ 발음이 정확하다.
- ☐ 말이 처음부터 끝까지 또박또박하다.
- ☐ '에' 또는 '음' 등 불필요한 말이 들어 있지 않다.
- ☐ 목소리에 생동감이 있다.
- ☐ 목소리에 짜증이나 귀찮음이 배어 있지 않다.
- ☐ 목소리가 편안하다(톤이 낮고 안정적이다).
- ☐ 목소리가 처음부터 끝까지 일정하다.
- ☐ 말투가 적절하다.

목소리의 크기를 적절하게 조정한다

라디오, 텔레비전은 물론 심지어 컴퓨터도 소리의 강약을 조절하게 되어 있습니다. 그러나 불행히도 일정한 볼륨으로만 수업하는 선생님들이 있습니다. 선생님의 목소리가 너무 커서 교실이 쩌렁쩌렁 울리는 것도 문제지만, 목소리가 너무 작아 잘 들리지 않는 경우는 더욱 그렇습니다. 그럴 때 학생들은 짜증스러워하고 학습 효과는 떨어집니다.

그렇다고 해서 하루에 서너 시간 큰 소리로 수업하기란 결코 쉬운 일이 아닙니다. 목에다 힘을 주고 말하다 보면 오후에는 듣기 거북할 정도로 목소리가 갈라지거나 높아지게 마련입니다. 큰 목소리를 무리 없이 내기 위해서는 목에서 소리를 쥐어짜지 않고 배의 힘으로 밀어내야 합니다. 배에다 손을 대고 배의 근육이 움직이는가 살피면서 몇 번 연습하면 금방 익숙해집니다.

말의 속도를 적절하게 조정한다

말의 속도가 너무 느리면 학생들이 수업과 무관한 딴 생각에 빠지기 쉽습니다. 반대로 말의 속도가 너무 빠르면 학생들은 정보를 접수하기 바쁜 나머지 진도를 따라올 여유가 없게 됩니다.

바람직한 말의 속도란 무엇일까요? 말의 속도가 너무 빨라 말이 뒤범벅되어서도 안 되고 너무 느려 듣는 사람이 답답해서도 안 되겠지요.

말의 내용이 정확히 전달되는 범위 내에서 사람들이 선호하는 속도가 있다고 합니다. 미국 사람들은 말의 속도를 신뢰도와 연관짓습니다. 20세기 미국 대통령 중에서 가장 신뢰도가 높았던 케네디 대통령이 말하는 속도가 가장 빨랐다는 사실이 대표적인 증거로 제시됩니다.

하지만 이 연구 결과에 주가 달려 있더군요. "말의 속도가 빠를수록 말하는 사람의 신뢰도가 올라가는데, 단 한국의 경우는 예외다. 한국에서는 말을 느리게 해야 듣는 사람들이 말하는 사람을 더 잘 믿는다." 적절한 말의 속도에는 이렇듯 문화적 차이가 있습니다.

발음을 똑똑히 한다

뒤범벅
더덕 더덕 더더덕

갱재가 …… 에 …… 그러니까 …… 음

나빠진 이유는…… 에, 음……

중얼 중얼 중얼

도대체 무슨 말을 하는지 알아듣기 힘든 경우도 있습니다.

- 부정확한 발음으로 학생들을 혼동시키는 경우.
- 또박또박하게 말하다가 끝에 가서 흐지부지하는 경우 흐으리이느으겨~우.
- 혼자 중얼, 중얼, 중얼, 중얼, 중얼거리는 경우.
- 느린 말의 사이를 '에', '음' 따위~ 음~ 불필요한 말로~에~ 메우는 ~ 음~ 경우.
- 빠른 말투로 인하여 단어들이 뒤범벅되거나 더덕더덕 더더덕 붙어 나오는 경우.
- 튀어 나오는 침을 피하느라 말의 내용에 신경을 쓰지 ㅡ 못ㅡ 하는 경우.

내용이 확실히 전달되려면 처음부터 끝까지 단어 하나하나가 정확히 들려야 하며 의미가 있어야 합니다.

목소리에 변화를 준다

학.생.들.은.단.조.로.운.목.소.리.로.진.행.하.는.강.의.를.가.장.힘.들.어.합.니.다.

목소리의 크고 작음

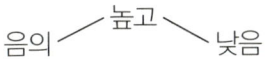

속도의 빠르고 느 ~ 림 ~ 에
적절한 변화를 주어야 합니다.

학생들은 단조로운 목소리로 진행되는 수업이 가장 듣기 힘들다고 말합니다. 그럴 땐 마치 선생님이 최면술을 거는 것 같다고 합니다. 한 십여 분만 듣다 보면 정신이 멍해진다고 합니다. 반면 선생님은 학생들이 멍하게 앉아있는 모습에 실망을 느끼게 되며 수업을 할 때 신이 나지 않는 악순환을 거듭합니다.

듣기 좋은 수업을 하기 위해서는 목소리의 크고 작음, 음의 높고 낮음, 속도의 빠르고 느림에 적절한 변화를 주어야 합니다. 생동감이 넘치는 수업은 교수를 열정적으로 보이게 하고, 그 열정은 학생들에게 쉽게 전달됩니다.

몸을 충분히 사용하라

비디오에서 관찰해야 할 몸동작에 관하여 말씀드리겠습니다.

몸동작 관리
- ☐ 몸동작이 의도적이고 적절하다.
- ☐ 서 있는 자세가 곧다.
- ☐ 학생들에게 시선을 주고 있다.
- ☐ 모든 학생들에게 시선을 준다.
- ☐ 손놀림이 자유롭다.
- ☐ 서 있는 자리를 옮겨준다.
- ☐ 강의실 공간을 크게 활용한다.

표정/ 자세 관리하기
- ☐ 열의를 보인다.
- ☐ 호기심을 보인다.
- ☐ 유머를 보인다.
- ☐ 신뢰감이 느껴지게 한다.
- ☐ 찡그리지 않고 편안한 표정을 짓는다.
- ☐ 표정을 자연스럽게 한다.

몸동작이 원하는 효과를 내게 한다

커뮤니케이션 연구에 따르면 몸동작이 의사 전달에 미치는 효과는 50퍼센트 이상이라고 합니다. 예를 들어 수업하는 동안 교수자가 시계를 자꾸 들여다보는 행동은 수업을 빨리 끝내고 싶다는 뜻으로 학생들에게 전달되는 것이지요. 1994년 미국 대통령 후보 토론 중에 부시가 손목시계를 쳐다보는 모습이 텔레비전 화면에 잡혔는데 그 초조해하는 모습 때문에 클린턴에게 참패당했다는 평론이 나오기도 했습니다.

서 있는 자리를 옮겨준다

한 시간 동안 한 군데에만 시선을 두다 보면 자기도 모르는 사이에 졸게 되어 있습니다. 그래서 강의를 하는 동안 가끔씩 자리를 옮기거나 가능하면 교단에서 내려와 학생들 사이를 지나다니는 것이 학생들의 시선 집중을 도와줍니다. 한마디로 학생들의 눈동자를 운동시켜 피로를 풀어주자는 뜻이기도 합니다.

특히 조는 학생 옆으로 지나가면 그 학생은 슬며시 깨어나게 되어 있습니다. 아무리 간이 큰 학생이라도 선생님 바로 앞에서 엎드려 잘 수는 없을 테니까요. 마찬가지로 수업 시간에 떠드는 학생들 곁으로 슬쩍 다가가면 야단치지 않고도 같은 효과를 볼 수 있습니다.

그러나 너무 부산하게 이리저리 왔다갔다 하는 것은 오히려 산만한 분위기를 조성할 수도 있기 때문에 절충하는 것이 효과적입니다.

교단은 권리의 상징이며 교수와 학생을 철저히 이분화하는 매개체입니다. 수직적 구조의 구시대에는 중요한 역할을 했지만 통합(integrated), 상호작용(interactive), 참여 등이 기본인 새 시대에는 교단이 교수와 학생을 갈라놓아서는 안 됩니다.

학생들에게 시선을 준다

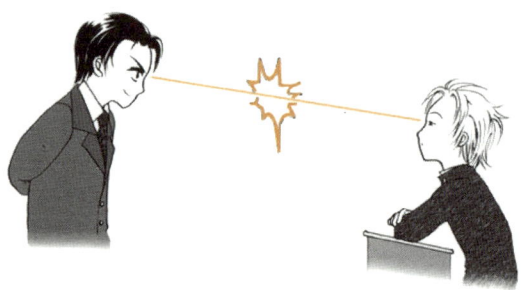

학생들과 눈을 맞추는 것은 매우 중요합니다. 학생들을 수시로 보지 않으면 수업 내용이 너무 쉬워서 학생들이 따분해하는지, 거꾸로 너무 어려워서 혼란스러워하는지를 바로 알 수 없습니다. 그러다가 수업 끝 무렵에 학생들에게 "질문 없습니까?" 하면 학생들은 조용할 것입니다.

질문이 없다고 학생들이 수업 내용을 완벽히 알아들었을 것이라는 결론을 내리는 것은 착각일 테지요. 학생의 반응을 무시한 채 준비된 각본대로 진행하면 깔끔하기는 할지 모르나 효과가 없습니다. 될 수 있으면 시선을 학생들 쪽으로 향해야 합니다.

교수가 교단의 성역을 허물고 학생들 틈으로 뛰어들 때에는 학생들에게 좋은 비구어적 메시지가 전달됩니다. 새 시대에는 교실이 곧 '지식의 한마당'이 되어야 합니다.

모든 학생들을 살펴본다

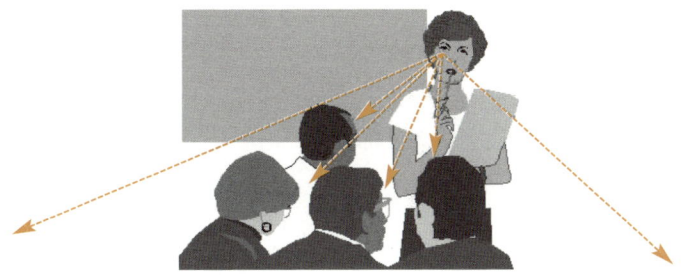

일반적으로 사람들은 대화할 때 좋은 반응을 보이거나 대하기 편안한 쪽을 보며 말하는 경향이 있습니다. 그렇기 때문에 교실의 일정한 부분이나 몇몇 학생들만 편파적으로 바라보기 쉽습니다.

이런 경우 교수자의 시선을 받지 못하는 학생들은 소외감을 느끼게 되며 학습 의욕을 잃을 수 있기 때문에 일부러라도 모든 학생을 두루 보며 말하는 것이 바람직합니다.

이때 주의할 점은 시선을 너무 빨리 움직이지 말고 학생이 자기의 눈이 선생님의 눈과 마주쳤다는 사실을 의식할 때까지 한 학생에게 순간적으로 시선을 정지시켜야 합니다. 따발총을 쏘듯 사방팔방으로 휘둘러서 시선을 이마와 코에 맞추는 것이 아니고 조준을 잘해서 눈을 적중하자는 것입니다.

몇 번만 연습하시면 백발백중의 실력을 금방 쌓을 수 있습니다. 이 기술은 수업뿐만 아니라 회의하실 때에도 상당히 유용하리라 생각합니다.

몸동작의 효과를 극대화한다

학생에게 시선을 줄 때는 그 교실에 그 학생 한 명밖에 없는 듯이 온 관심을 집중적으로 쏟아주십시오. 공부에 '흥미 없는' 학생이라도 자기에게 그런 관심을 보이는 선생님의 과목만은 열심히 하게 됩니다. 그만큼 시선 주기는 효과적인 기술입니다.

그러나 대형 교실에서 수업할 경우에는 양쪽 모두 2.0 시력을 갖춘 선생님이라 해도 뒤쪽에 앉은 학생들과 눈을 맞추기란 불가능 합니다. 이런 경우 몸동작을 보조할 필요가 있습니다.

예를 들어서 교실 뒷줄에 앉은 학생들에게 시선을 주고 있다는 사실을 확실히 알리기 위해 "맨 뒷줄, 파란 재킷 입은 학생. 칠판에 쓴 글이 잘 보이나요?"와 같은 부담 없는 질문을 던질 수도 있습니다.

특히 뒤에 앉는 학생들은 공부와 거리가 먼 학생일 확률이 높기 때문에 이런 기술을 이용하여 교수로부터 '숨을' 공간을 없애두는 것이 교실의 분위기를 살리는 방법일 수 있습니다.

칠판을 효과적으로 사용하라

비디오를 이용하여 스스로 수업하는 기술을 개선하고자 할 때 관찰할 사항 중에서 '칠판 쓰기'에 관하여 말씀드리겠습니다.

칠판 / PPT 쓰기

- ☐ 미리 조정하거나 준비한다.
- ☐ 글씨, 그림 크기가 적당하다.
- ☐ 뒤에 앉은 학생도 잘 보이도록 한다.
- ☐ 글씨를 흐리거나 흘려 쓰지 않고 정확히 쓴다.
- ☐ 짜임새가 있다.
- ☐ 내용이 적당히 들어가 있다.
- ☐ 말하는 내용을 중복하지 않고 보완한다.
- ☐ 악센트, 포커스, 세부 사항, 개념 지도 등을 보여준다.
- ☐ 내용이 충분한 시간 동안 보이도록 한다.
- ☐ 칠판이나 스크린을 가로막지 않아서 학생들이 쉽게 볼 수 있다.
- ☐ 칠판이나 스크린 공간을 최대한으로 활용한다.
- ☐ 타이밍이 적절하다.

학습 효과를 높이는 칠판 사용

칠판은 '속 없는 찐빵'이라 할 만큼 너무나 당연한 존재입니다. 그렇기 때문에 별 생각 없이 쓰이기도 합니다. 그러나 칠판을 잘 이용하면 좋은 학습 효과를 낼 수 있습니다.

- 말로는 충분히 묘사나 설명이 안 될 때, 그림이나 도표나 수식으로 나타낼 수 있는 시각적 효과
- 말하다가 요약해서 쓰거나 쓴 글에 밑줄을 긋거나 원을 그리면서 중요한 점을 지적하고 부각시킬 수 있는 악센트 효과
- 습관적으로 말을 빨리 하거나 수업 진도가 성급히 나갈 때 판서를 하여 속도를 늦추고 학생들에게 생각할 기회를 줄 수 있는 브레이크 효과
- 전문인 또는 학자의 필기 습관을 보여줄 수 있는 본보기 효과

이 네 가지 효과를 최상으로 하려면 칠판에 무엇을 얼마나 쓰고 있는가에 신경을 써야 합니다.

중요한 내용만 판서한다

교과서에 나오는 내용을 칠판에 그대로 판서하는 경우가 있습니다. 이럴 때 학생들은 황당해합니다. 따라 쓰자니 쓸데없는 일 하는 것 같고, 안 쓰자니 허전하게 느껴지기 때문입니다. 그러나 대부분 학생들은 끄적끄적 판서된 내용을 따라 씁니다.

물론 "중요한 메시지는 반복함으로써 확실하게 전달할 수 있다"는 말이 있지만 이런 상황에는 해당되지 않습니다. 이런 경우에 학생들이 수업을 빼먹고 싶은 충동을 느끼는 것은 당연하지요.

선생님께서 '보여주는' 말씀을 학생들이 받아쓰는 지식 전달을 위주로 하는 수업은 구시대에서나 중요합니다. 지식이 흔해 빠진 새 시대에는 교실 안에서 선생님을 통하지 않더라도 자신이 필요한 지식을 아무 데에서나 쉽게 접할 수 있습니다.

따라서 수업 시간에는 교수가 학생들에게 지식의 내용을 보여주기보다 지식을 분석하고 분별하고, 창조해 내는 능력을 가르쳐주는 것이 중요합니다. 저는 이것을 일컬어 '지식 유통 개혁'이라고 말합니다.

판서는 될 수 있는 한 줄인다

수업 시간이 시작되자마자 판서하기 시작하여 마치는 종소리가 날 때까지 쉬지 않고 판서만 하는 선생님이 있습니다. 비록 교과서에 없는 내용을 쓴다 하더라도 이것은 수업 시간을 유용하게 보내는 방법이 아닙니다.

이유는 크게 두 가지입니다. 첫째, 학생들은 칠판에 쓰여진 내용을 베끼는데 급급하게 됩니다. 그러자니 선생님의 설명을 잘 듣지 못하게 될 뿐더러 생각하고 정돈할 수 있는 여유도 없을 수밖에요.

둘째, 교수는 판서하는 동안 학생들로부터 등을 돌리게 되며 자연히 등을 돌린 채로 말을 건네게 되지요. 아니, 학생들과 무슨 '원수'지간입니까! 학생들에게 시선을 주기 위해서 판서는 최소한으로 줄이는 것이 바람직합니다.

많은 내용을 수업할 때 발표자는 뿌듯함을 느낄 수 있습니다. 지식을 귀한 고체 덩어리로 인식하던 옛날 옛적의 향수에 젖어 있으면 이런 느낌이 듭니다. 무조건 많으면 많을수록 좋다는 생각은 구시대의 발상입니다. 새 시대에는 지식을 무게로 달아 팔지 않습니다. 새 시대에는 지식의 질을 따지는 때입니다.

학생들에게 너무 많은 양의 내용을 전달하려 하지 말고 학생들로 하여금 주어진 내용에 대해 많이 생각하게 하는 것이 좋습니다.

수업 진행에 도구를 이용하라

요즘 학생들은 정보를 귀로 듣기보다 눈으로 보기를 선호한다는 연구 결과가 있습니다. 물론 사람마다 또 추구하는 학문에 따라 어느 정도 차이가 있지만 특히 공대생들은 청각보다는 시각이 압도적으로 발달되어 있다고 합니다. 그뿐 아니라 수업 시간에 듣기와 보기를 함께 할 때의 학습 효과는 듣기만 했을 때보다 약 다섯 배로 높다고 전합니다.

따라서 칠판 이외에 PPT, 비디오, 슬라이드 등 시각적 효과가 높은 도구를 수업 중에 알맞게 활용하는 것이 좋습니다. 필요한 것을 손쉽게 얼마든지 구하거나 복사할 수 있고 보기에도 근사하고, 분필 가루 들이마실 필요 없고 얼마나 좋은가요!

그러나 PPT 같은 기구는 오히려 너무 쓰기 편리하기 때문에 새로운 문제가 생기기도 합니다. 다음은 PPT를 쓸 때 염두에 둘 점입니다.

수업의 내용을 보완한다
수업 내용이 모두 PPT에 적혀 있어 교수가 그 내용을 줄줄 읽어 내려가는 경우가 있습니다. PPT는 수업(말)을 보완하는 것이어야지 내용이 대치되거나 중복되면 효과가 없습니다.

> **잘못 사용된 PPT의 예**
> 말의 내용을 대치하는 경우
> 말의 내용을 중복하는 경우

잘 사용된 PPT의 예
말의 내용을 보완하는 경우
말로 표현 안 되는 내용을 보여주는 경우

진도가 적절해야 한다
칠판 쓰기는 수업 진행 속도를 늦추는 반면 PPT는 수업 진행을 가속하는 결과를 초래합니다. 학생들에게는 PPT에 실린 많은 내용을 다 필기할 시간도, 생각해 볼 여유마저 없지요. 이때 학생들은 PPT의 속도를 따라가기 바빠 당황합니다.

분량이 적절해야 한다
한정된 시간에 수업이 빠른 속도로 진행된다는 말은 많은 내용이 소개된다는 뜻이기도 합니다. PPT는 쉽게 준비할 수 있기 때문에 필요 이상으로 많은 분량의 내용이 발표될 수도 있습니다. 발표되는 내용이 넘쳐흐를 때에는 학생들이 소화불량에 걸릴 확률이 매우 높습니다.

수업 진행도 기술이다

이번에는 수업 진행에 관한 사항을 말씀드리겠습니다.

수업 전 준비
- ☐ 수업 시간 전에 강의실에 들어간다.
- ☐ 수업 시작 전에 학생들과 어울린다(interact).
- ☐ 수업 준비를 모두 끝낸다.
- ☐ 출석을 부를 때, 학생들을 보면서 부른다.
- ☐ 자신감을 보인다.

시작하기
- ☐ 수업을 정시에 시작한다.
- ☐ 수업 시작을 확실하게 알린다.
- ☐ 학생들의 주의력을 자신에게로 모은다.
- ☐ 수업 주제를 알려준다.
- ☐ 수업 '교육 목표'를 알려준다.
- ☐ 지난 수업 내용의 핵심을 요약한다.
- ☐ 지난 수업 내용과의 연관성을 말한다.
- ☐ 수업 소제목을 나열하여 강의의 윤곽(큰 그림)을 알린다.

수업에 열의가 느껴지도록 한다

힘이 빠진 채로 진행되는 수업은 학생들을 피곤하게 합니다. 그러나 열의가 있는 수업은 시간가는 줄 못 느끼고 끝날 때에는 오히려 아쉬운 마음까지 들게 합니다.

열의가 있는 교수의 몸동작에는 생동감이 있고 목소리가 분명하고, 메시지가 확실하고, 말 한마디 한마디에 자신이 있어 보입니다.

자신의 수업 모습을 보면서 열의가 느껴지는지 관찰하십시오.

'열의'와 '열광'의 뜻은 비슷하지만 저는 일부러 구분을 짓습니다. 교수는 신바람이 나고 얼굴이 확확 달아오를 정도로 열변을 토해내는 반면 학생들은 시무룩하게 앉아 있으면 '열광'입니다. 스스로 도취되어 학생들의 반응을 무시하는 '열광'은 학생들을 구경꾼으로 전락시킵니다.

이와 반대로 열의적인 수업은 박진감이 있고 교수의 진지한 태도가 학생들에게 전염되어 교수와 함께 지적 한마당을 이룹니다.

수업 구성과 시간 관리

- ☐ 각 단락이 분명하다(구두로 표시되었다).
- ☐ 주기적으로 각 단락을 요약한다.
- ☐ 소제목을 모두 충분히 다룬다.
- ☐ 학생들이 숨 돌릴(생각할) 여유를 준다.
- ☐ 허둥대지 않고, 끝까지 같은 페이스로 진행한다.

시간을 의미 있게 보낸다

연속극이나 영화를 보면 가끔 시간 때우는 장면이 나오는데 시청자는 그것을 단박에 알아봅니다. 그러면 김이 새고 뭔가 당한 기분이 들지요.

수업 역시 다를 것이 없다고 생각됩니다. 따라서 수업을 늦게 시작하거나 빨리 끝내버리거나, 수업 내용과 무관한 잡담을 하는 등의 소중한 시간을 허비하는 장면이 비디오에 잡혔는지 살펴보시기 바랍니다.

거꾸로 수업 시간이 끝났는데도 계속해서 진행되는 수업도 시간을 허비하는 예입니다. 종강을 알리는 소리가 나는 순간 학생들의 마음과 정신은 벌써 다른 곳으로 빠져 나가버립니다. 다음 시간 수업을 준비하거나 친구 만날 일을 생각하면서 가방을 챙기기 바쁩니다.

따라서 학생들은 수업 시간을 넘기며 계속 수업하는 교수의 열의에 감동을 받기는커녕 교수가 밉거나 한심스럽다고 생각할 것입니다. 수업은 아무쪼록 제 시간에 끝내어야 효과적입니다.

사람이 시간을 낭비하는 것은 일종의 자살이다. - 해리 팩스

수업 속도가 적절해야 한다

수업을 처음에는 느긋하게 하다가 끝에 가서 급하게 마무리 짓지는 않는지요? 수업의 결론이란 대개 끝머리에 나오게 마련 아닙니까. 그러니 수업은 오히려 끝나갈수록 여유 있게 진행해야 할 것 같습니다. 수업을 그때그때 상황에 따라 융통성 있게 조절하지 못하고 준비한 그대로 이행할 때 마무리를 급하게 지어야 하는 불상사가 생깁니다.

적절한 수업 속도는 학생들의 수준에 맞게 진행되지만 예정된 진도를 나가게 합니다. 이차적인 내용(예문, 문제, 복습)을 여럿 준비한다면 시간을 쉽게 조정할 수 있습니다. 그리고 칠판과 PPT사용은 수업 속도를 상당히 좌우합니다.

수업에 시작이 있어야 한다

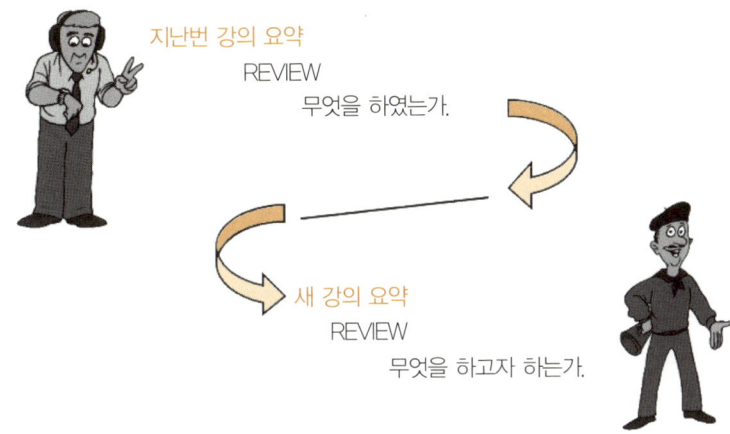

　효과적인 수업에는 매번 시작과 줄거리 그리고 끝맺음이 있습니다. 수업을 연속극에다 비유해 보면 유익하리라 생각됩니다.
　연속극은 첫 부분에 전편 장면을 살짝 보여주고 시작합니다. 그래야 시청자들이 흐름을 빨리 파악하기 때문입니다. 이와 같이 수업을 시작할 때에 새 내용으로 곧바로 들어가지 말고 지난번 수업 내용을 1~2분 정도 요약하면 좋은 학습 효과를 낼 수 있습니다.
　고난도 기술요약은 교수가 할 수도 있지만 저는 학생이 하도록 하고 있습니다. 특히 학생 한 명은 칠판에 지난번 수업을 요약(review)해 쓰게 하고 다른 한 명은 그날 할 수업 내용을 요약(preview)하게 하여 많은 학생에게 발표할 기회를 부여합니다. 그뿐 아니라 요약을 한 후 약 2분 정도 구두로 설명을 덧붙이게 하여 학습 효과를 이중 삼중으로 보게 합니다.

시간을 헤프게 쓰이지 않도록 요약은 수업이 시작하기 전에 미리 칠판에 써놓도록 합니다. 발표하는 데 총 5분 정도가 소요되지만 상당히 가치 있는 5분이라고 생각합니다.

수업에 숨돌릴 여유가 있게 한다

학생들의 집중력을 테스트한 연구 결과가 있습니다. 한 시간짜리 수업을 들으면 첫 15분에 발표된 내용은 75퍼센트 정도 기억하고 그 후에는 기억 정도가 차츰 떨어져서 맨 마지막 15분에 발표된 내용은 20퍼센트도 기억하지 못한다고 합니다. 이렇듯 시간이 갈수록 학생들의 집중력이 떨어지는 것은 자연스러운 이치이기 때문에, 교수는 학생들이 수업에 계속해서 집중할 수 있도록 도와주어야 합니다.

학습 효과를 높이려면 수업을 '단막극'이 아닌, 중간 중간에 막을 내리고 배경이 바뀌는 '다막극'으로 구상하는 것이 좋습니다. 매 15~20분 마다 변화를 주면 수업 시간 내내 상당히 높은 집중력을 유지할 수 있습니다.

'변화'란 말은 반드시 수업 내용을 바꾸라는 뜻이 아닙니다. 중요한 것은 학생이 다양한 활동을 할 수 있도록 해주는 것입니다. 필기 위주에서 듣기 위주나 PPT등 보기 위주로 바꿔도 효과적인 변화이며, 더 바람직한 것은 학생들의 능동적인 참여를 유도하는 발표하기, 문제 풀어보기, 퀴즈 풀기, 토론하기 등입니다.

호기심을 유발한다

대개 '가르치기와 배우기'는 동전의 양면 같은 것이라고 합니다. 한쪽에서 가르치면 다른 쪽에서는 배움이 저절로 공존한다는 뜻이 내포되어 있지요.

그러나 저는 '가르치기와 배우기'를 '악수'에 비유합니다. 두 손이 마주 잡아야 이루어지는 악수 말입니다. 제 아무리 손 내밀고 흔들어봤자 상대가 같이 응해주지 않으면 안 되니까요. 악수를 청하고서는 상대가 손을 내밀기 전에 저 혼자 손 내밀고 흔들어 대는 사람을 한번 상상해 보십시오. 우린 그 사람의 상태를 의심할 수밖에 없을 겁니다.

수업도 마찬가지입니다. 선생님이 아무리 중요한 내용을 가르쳐도 학생들이 준비가 덜 된 상태라면 그 수업은 아무 효과가 없을 테니까요. 효과적인 수업은 기똥찬 예, 실질적 응용, 엉뚱한 응용, 칼같이 예리한 질문 등으로 학생들의 호기심을 자극하여 배우고 싶어하는 학습 동기를 유발합니다. 수업 중간 중간에 이러한 요소들이 있는지 관찰해 보십시오.

가장 중요한 내용을 부각시킨다

훌륭한 수업을 하려면 수업의 핵심 메시지를 세 번 반복하라는 말이 있습니다. 예를 들어 "오늘은 XYZ에 관해서 수업을 하고자 합니다"로 시작하여 XYZ에 관해서 수업을 하고 난 후 "오늘 XYZ에 관한 수업을 했습니다"라고 말하면서 끝내는 식이지요. 얼핏 듣기에는 우스갯소리같이 들리지만 수업을 오래 하신 선생님들께서는 수긍하시리라 생각됩니다.

중요한 메시지는 반복함으로써 확실하게 전달할 수 있습니다.

메시지를 부각시키는 고난도의 기술로 '말로 반복하기'같이 노골적으로 표현하는 방법보다 은근 슬쩍 암시하는 방법이 더 큰 효과를 낼 때도 있습니다. 절정(climax) 유도하기, '1분 퀴즈' 치르기, 시험과 연관시키기 등의 고난도 기술이 있습니다.

설명하기

☐ 중요한 단어나 개념을 설명한다.

☐ 각 단락의 목적을 전달한다.

☐ 각 단락이 서로 어떻게 연관되는지 보여준다.

☐ 이 수업이 더 큰 교과과정의 어느 부분에 해당하는지 관련성을 보여준다.

☐ 예를 들어 설명한다.

☐ 최근 연구 결과를 곁들인다.

☐ 강의 내용을 현실적 상황에 연관시킨다.

☐ 결론만 보여주지 않고 배경과 사고과정을 설명한다.

☐ 복잡하거나 어려운 내용을 반복하거나 추가 설명한다.

☐ 가장 중요한 내용을 반복하거나 강조한다.

수업에 끝맺음이 있게 한다

연속극은 하나의 큰 이야기가 작은 에피소드로 나뉘어 방송되는 것이지만 매 에피소드에는 나름대로 하나의 완전한 이야기가 실려 있습니다. 수업도 마찬가지로 전후의 수업 내용과 연결되는 것이지만 수업마다 매듭을 짓는 것이 좋은 수업이라고 말할 수 있습니다.

개념을 설명하거나 수식을 푸는 도중에 "다음 시간에 계속하겠습니다"하고 수업을 중단하는 경우는 어설픈 수업의 예입니다.

짜임새 있는 수업을 구성하기 위해서는 수업의 목적을 확실하게 정하셔야 합니다. 그래서 시계를 보고서가 아니라, 수업 목적을 달성하고 있다는 느낌으로 수업이 끝나가고 있음을 알게 되어야 합니다.

연속극의 끝 부분에 시청자가 후편을 기다리도록 호기심을 자극하는 예고 장면이 나옵니다. 이와 같이 수업을 끝내면서 다음 수업의 핵심 포인트가 예고되는 질문을 던지면 학생들의 학습 동기를 유발시킬 수 있습니다.

끝내기

- ☐ 다음 수업에 대한 예고(preview)가 있다.
- ☐ 수업을 자연스럽게 끝맺는다(끝나가고 있다는 것을 느낄 수 있다).
- ☐ 중요한 점을 요약한다.
- ☐ 요구사항(숙제, 시험 등)을 명확히 전달한다.
- ☐ 수업을 정시에 끝낸다.
- ☐ 수업이 끝난 후 학생들에게 시간을 할애한다.

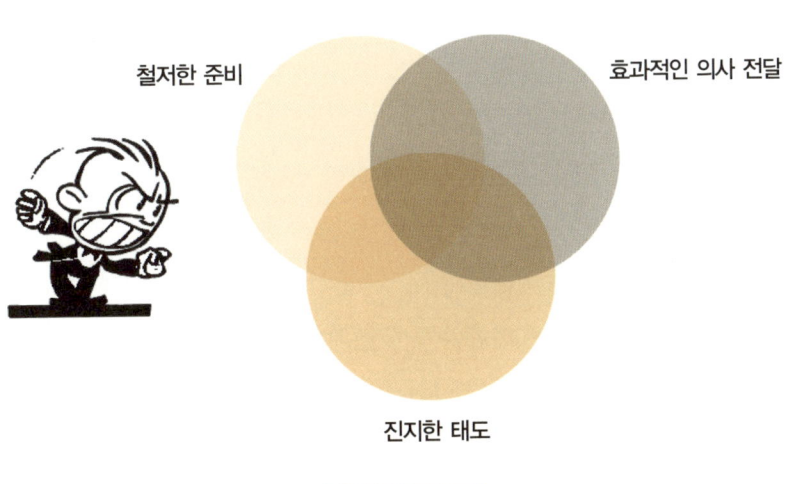

수업 진행

- ☐ 지속적으로 학생들의 주의력을 끈다.
- ☐ 호기심을 유발한다.
- ☐ 학생들이 강의 내용을 이해하는지 관찰한다.
- ☐ 학생들이 느낄 수 있는 다양한 교수법을 동원한다.
- ☐ 말 듣기.
- ☐ 쓰기.
- ☐ 그림 보기.
- ☐ 실물 보기.
- ☐ 행동하기.

학생들과의 관계

- ☐ 학생들을 개개인으로 인식한다.
- ☐ 학생들의 이름을 안다.
- ☐ 학생의 의사를 존중한다.
- ☐ 학생들이 참여할 기회를 준다.
- ☐ 학생들이 잘했을 때 알맞게 칭찬한다.
- ☐ 학생이 못했을 때 격려해 준다.
- ☐ 개별적 필요성을 고려한다.
- ☐ 학생들을 공평하게 대한다.

질문하고 토론하기

- [ ] 질문을 한다.
- [ ] 알맞은 수준의 질문을 한다.
- [ ] 질문한 후 대답을 기다린다.
- [ ] 학생들의 말을 끝까지 듣는다.
- [ ] 학생들의 말(질문이나 대답)이 다른 학생들에게 들리도록 한다.
- [ ] 대답하지 않는 학생들도 참여하도록 유도한다.
- [ ] 한 두 학생이 반응을 독점하는 것을 막는다.
- [ ] 학생의 질문에 대답할 경우, 모든 학생에게 대답한다.
- [ ] 학생의 참여(옳고 그름을 떠나서) 그 자체를 높게 평가한다.

6
수업 컨설턴트가 지녀야 하는 큰 그림

유능한 수업 컨설턴트의 조건

　이 장에서는 수업 컨설턴트가 지녀야 하는 수업에 대한 큰 틀에 대해 말씀 드리고자 합니다. 물론 수업을 잘하시는 분이 수업 컨설턴트로 다른 교수자를 돕겠지만 본인이 수업을 잘하는 것과 남에게 '왜 이러이러한 수업이 더 바람직한가'를 설명하고 설득하는 것은 다른 차원의 이야기입니다.

　본인이 잘하는 것은 경험이지만 그 경험은 결국 개인의 경험입니다. 개인의 경험은 아무리 대단한 것이어도 매우 한정적입니다. 그 경험이 컨설턴트에게 유용했더라도 다른 교수자와 다른 학생과 다른 상황에서도 유용할 것이라는 보장은 전혀 없습니다.

　컨설턴트는 보편성이 있는 경험을 많이 알고 있어야 합니다. 본인만이 아니라 많은 교수자의 경험을 축적해야 합니다. 그게 바로 연구에 기반을 둔 이론입니다. 연구란 많은 사례를 통해 누적되고 공통적인 부분을 농축해낸 '에센스'라고 말할 수 있습니다.

　유능한 수업 컨설턴트는 해박한 교육 철학에 풍부한 경험을 곁들입니다. 그래야지 추상적인 이론에 현장감을 추가시켜 설득력을 더해갑니다. 따라서 이 장에서는 교수법을 다루고자 합니다. 물론 교수법의 모든 면을 다룰 수는 없습니다. 따라서 최소한의 큰 그림만 그리고자 합니다.

　사회와 개인 차원에서 교육의 결과, 인재상, 그 결과를 얻어내는 '최고의 수업의 핵심 요소'와 그 사이의 매개체라고 할 수 있는 교수자의 '핵심 특성'을 하나의 통합된 개념 지도로 정돈하겠습니다.

우리 교육에 대한 세 가지 수수께끼

최근에 미래 인재에 대한 행사가 국내에서 개최되었습니다. 전 일본 총리와 미국의 '경제 대통령' 등 외국 손님들이 대거 참석한 행사였습니다. 외국인은 한국의 역동성, 발전상, 성공담 등에 칭찬 일색이었습니다. 내국인도 한국의 장점을 홍보하느라 열을 올렸습니다. 그래서 저도 한 마디 했습니다. "대한민국 청춘의 미래는 장미빛이다."

'빛'자는 오타가 아닙니다. '장기간 미취업 빚쟁이'를 뜻한 말이었습니다. 한국 청년들은 분노로 신음하고 있습니다. 10명 중 8~9명이 반값 등록금 투쟁을 벌여야 할 만큼 경제적 부담을 안고 대학에 입학합니다. 다녀봤자 취업이 어렵습니다.

그러나 기업체는 막상 대학 졸업생을 채용하려고 하니 인재가 없다고 불만을 호소합니다. 대학을 졸업한 사람은 많은데 인재는 없고, 직장은 많은데 취업은 안 된다? 첫 번째 수수께끼입니다.

두 번째 수수께끼는 더 이상합니다. 혹시 마지막으로 수능 시험 문제를 풀어보신 때가 언제인가요? 최근에 문제를 보신 분들은 두 가지에 동의를 할 것입니다. '내가 풀 수 있는 문제 하나도 없다'는 것과 '내가 고등학교 졸업한 후 10년~30년을 살면서 수능 문제를 풀기 위해 알아야 했던 지식들이 단 한번도 필요한 적이 없다'.

그렇다면 무엇을 위해 그 많은 지식을 머릿속에 넣으려고 그토록 돈과 시간을 투자했단 말입니까? 매일 쏟아져 나오는 정보 홍수 시대, 정보는 원할 때 맘껏 접할 수 있는 정보화 시대, 그래서 모두 죽을 때까지 공부해야 하는 평생학습 시대에서 대학 졸업장은 그저 포장지에 불과합니다. 취업 당시 자신을 예쁘게 포장할 수는 있지만 풀어보는 순간 포장지는 쓰레기가 됩니다. 소위 스펙을 보고 신입사원을 뽑은 기업체는 포장지를 푸는 순간 빈 깡통을 발견하고 '인재가 없다'고 실망감을 감추지 못합니다.

평생 교육이란 죽을 때까지 하는 장기전이 되었습니다. 그럼에도 불구하고 우리는 계속해서 일회용도 아니고 평생 단 한번도 사용하지 않을 정보 잡동산을 머릿속에 꾸역꾸역 집어넣고 있습니다. 왜 그래야만 하나요?

세 번째 수수께끼는 조금 슬픕니다. 학부모는 아이들을 위해 온갖 뒷바라지를 하고, 사교육비를 충당하기 위해 허리띠를 졸라매고, 대학졸업 후에도 '애프터 서비스'까지 합니다. 학부모는 아이에게 "다 너를 위해서야"라고 부담을 안깁니다. 그런데 한국 학생들의 행복도도 세계 '꼴찌'입니다. 3년 연속 꼴찌입니다. 이상하지 않나요? 한 쪽에서 그토록 헌신했다면 상대는 행복해야 되는 것 아닌가요? 둘 중 한 사람은 행복해야 정상이 아닌가요? 둘 다 불행하다면 뭔가 크게 잘못된 게 아닌가요?

불행감, 불안감, 우울증을 느끼는 위기 학생 수가 178만 명이라고 합니다. 심각한 위기에 처한 학생이 33만 명이라고 합니다. 학생 세 명 중 한 명이 학교를 떠나고 싶어한답니다. 매일 152명의 학생이 학교를 떠나고 있습니다. 작년에 초·중·고등학생 202명이 세상을 떠났습니다. 뭔가 참으로 잘못된 것입니다.

저는 학생들이 탄광의 카나리아 새와 같다고 생각합니다. 잘못된 교육에 가장 먼저 피해를 보는 자는 학생들이지요. 학교에 적응하지 못하는 학생이 이토록 많다면 학생이 문제가 아니라 학교가 문제인 것입니다.

수업 기술자와 수업 컨설팅의 차이

수업 컨설팅은 잘못된 교육을 바로잡고자 하는 일입니다. 그저 교수자의 목소리 크기만을 평가하고 칠판이 난장판이 되지 않도록 코멘트하는 수준이라면 시간 낭비가 너무 큽니다. 수업 컨설턴트가 비록 교수자의 목소리와 행동을 지적하고 논하더라도 교육 철학을 지닌 컨설턴트와 그저 컨설팅 도구를 지닌 기술자는 서로 추구하는 바가 다릅니다.

철학이 없는 수업 기술자는 목소리의 크고 작고, 느리고 빠르고, 변화에 대해 세세하게 지적합니다. 학생들에게 얼마나 잘 들리는지, 학생들이 얼마나 잘 알아들을 수 있게 하는지 등에 많은 시간을 쏟습니다. 철학이 있는 컨설턴트는 같은 목소리에 대해 지적할 때에도 따스함, 존중감, 호감, 배려 등이 얼마나 느껴지는지에 대해서도 논의합니다.

철학이 없는 수업 기술자는 교수자의 설명이 얼마나 학생들 머릿속에 쏙쏙 들어가게 하는가를 살핍니다. 조금 더 능력이 있는 수업 기술자는 설명이 얼마나 학생들 머리가 싹싹 잘 돌아가게 하는가를 분석합니다. 그러나 철학이 있는 컨설턴트는 교수자의 설명으로 하여금 얼마나 학생들이 쑥쑥 자랄 수 있게 할 것인가를 깨닫게 해줍니다.

철학이 없는 수업 기술자는 교수자가 당일 수업 목표를 달성했는가를 분석해줍니다. 철학이 있는 컨설턴트는 교수자가 학생들을 진정한 인재로 발전시켜주고 인재답게 살게 하는가를 따집니다.

철학은 두루뭉술한 뜬 구름이나 잡는 이론이 아닙니다. 철학은 모든 행동이 일치되고 일관되고 의미를 부여하는 매우 체계적이고 정교하고 논리적이고 합리적인 생각의 도구입니다. 적절하고 바람직한 행동의 방향입니다. 유능한 수업 컨설턴트가 되자면 유능한 수업을 스스로 실천하는 동시에 교수법 철학을 유능하게 지녀야 합니다.

진정한 교육 목표

교육의 경제적 목표 : 기술 조립에서 기술 생산으로

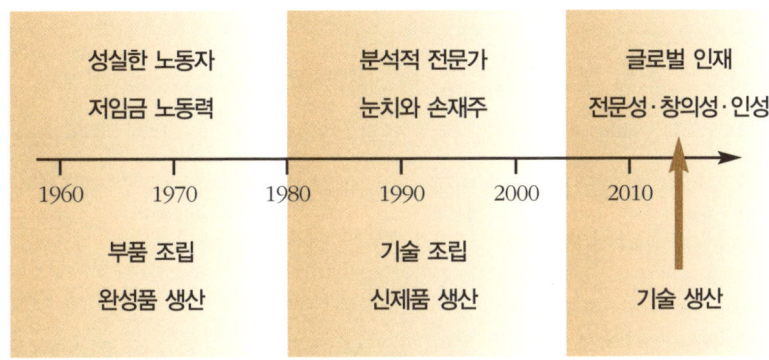

한국의 발전 단계

제가 어릴 때 한국은 빈 깡통 같았습니다. 말 그대로 깡통을 들고 다니는 거지도 많았습니다. 그러다 부품 조립을 통해 기존 제품을 저임금으로 대량으로 생산하면서 경제를 일구어냈습니다. 현재는 형편이 조금 나아졌지만 겨우 기술 조립 수준입니다. 비싼 로열티를 지불하고 사온 외국 기술에 의존하고 있습니다. 다음 단계인 기술 생산으로 가야 한국 청춘이 '장미빛'에서 벗어날 수 있을 것이며 '통 큰' 사업을 벌일 수 있습니다.

여기서 기술이라 함은 단지 가전제품과 자동차 같은 생산품에 국한된 것이 아니고 예체능 영역을 비롯하여 문화에도 다분히 적용되는 개념입니다. 나라의 경제가 활력과 경쟁력을 갖추어서 세계 어느 나라와 지역의 FTA에도 겁을 먹지 않을 정도의 국제 경쟁력을 갖추기 위해서는 부품 조립과 기술 조립에서 기술 생산으로 전환돼야 합니다. 그러자면 새로운 부류의 인재가 필요합니다. 저는 한국을 부유하고 부강한 나라로 만들 새로운 인재를 세 가지 실력을 갖춘 '글로벌 인재'라 규정합니다. 전문성·창의성·인성을 갖춘 자만이 글로벌 인재라 할 수 있습니다.

교육의 사회적 목표 : 불통에서 소통으로

교육이 이루어야 하는 목표에는 사회적 목표도 있습니다. 많은 사회 갈등은 교육으로 풀어나갈 수밖에 없기 때문입니다. 노사 갈등, 빈부 갈등, 여야 갈등, 남녀 갈등, 남북 갈등 등 산 넘어 산입니다.

저는 2011년 말에 대통령 직속 사회통합위원회 초청으로 한 소통 강연에서 "다양한 갈등의 원흉은 사람이며 사람이 변해야 갈등이 해소된다"고 설명했습니다. 여기서는 핵심 요지만 간단히 적겠습니다.

소통이 안 되는 저변에는 부부간의 갈등, 부자지간의 갈등, 사제지간 갈등이라는 세 가지 원초적 갈등이 있습니다. 화목한 부부는 모든 인간관계의 기본입니다. 공자도 부부간을 중요시 하였고, 성경도 '아담과 이브'는 부부로 이야기가 시작됩니다. 그러나 한국에서는 부부간의 소통이 잘 안 되고 있습니다.

부자지간에도 소통이 없습니다. 아이가 엄마에게 듣는 말의 55퍼센트가 "공부해"라는 말이고 나머지는 "하지 마라"라는 잔소리라고 합니다. 아버지는 아예 투명인간 같습니다. 청소년보호백서에 의하면 하루에 고교생 중 22퍼센트가 아버지와 대화하는 시간이 하루 1분 미만이라고 합니다. 이마저도 경제적으로 부담스러워 아예 아이를 갖지 않겠다는 부부가 늘어나면서 우리는 세계 최저 출산율을 자랑하게 되었습니다.

부부 사이에 아이가 태어나고, 부모의 보살핌으로 자라난 아이가 드디어 세상에 첫발을 내딛고 학교라는 곳에 갑니다. 그곳에서 후생(학생)은 '선생(교사)'이라는 어른의 모습을 보고 사회인이 되는 연습을 합니다. 그런데 후생과 선생 간의 사이에 갈등이 심합니다. 교실이 붕괴되고 있습니다.

이 세 가지 원초적 갈등은 아이가 어릴 때부터 심긴 불행의 씨앗에서 비롯하였습니다. 어른은 아기가 태어나면 "건강만 해다오. 행복하길 바란다"고 했습니다. 직감적으로 무엇이 진정 중요한가를 가슴으로 확실하게 알았던 것입니다. 그런대 어느새 어른은 아이에게 "토익 만점 받아다오. 명문대 들어가길 바란다"는 말을 하고 있습니다. 아이의 건강을 해치면서, 극도의 불행감을 주면서까지 이러한 요구를 하고 있습니다.

이처럼 사람의 가슴과 머리가 분리되어 각자 따로 놉니다. 그러니 사는 게 얼마나 괴롭고 고통스럽겠습니까? 한 사람 안에서도 머리와 가슴이 소통이 안 되고 갈등을 빚고 있는 상태이니 어찌 타인과 소통을 할 수 있겠습니까? 내가 먼저 한 몸이 되어야 남하고 부부 사이에 짝을 이룰 수 있고 동료와 한 팀을 이룰 수 있습니다.

그러니 이 모든 사회적 갈등의 씨앗은 왜곡된 교육입니다. 교육이 빚어낸 문제이니 교육으로 풀어야 하고, 사람이 만든 문제이니 해결책도 사람에게 있습니다.

즉, 교육의 사회적 목표는 어린아이를 머리와 가슴이 일치된 성숙한 어른으로 만들어 서로 소통하여 갈등 없는 사회를 만들어나가는 것입니다. 갈등은 파괴적인 논쟁이 아니라 건설적인 논의로 타협하고 해결해 나가는 성숙하고 평등하고 공평한 사회를 이룩하자는 것입니다.

교육의 개인적 목표

전문성·창의성·인성을 갖춘 인재가 많이 배출되어 국가를 부강하게 만들어야 한다고 했습니다. 또한 교육을 통해 공정하고 공평한 사회를 구축해야 한다고 했습니다. 다 절실히 필요하고 우리 모두 원하는 결과입니다.

학생들은 나라와 사회를 위한 도구이기 전에 먼저 각자 행복하고 의미 있는 삶을 추구할 권리가 있는 소중하고 고귀한 존재입니다. 한국의 모든 학생들이 행복하고 가치 있는 삶을 살게 되면 사회는 공정하고 공평하게 될 것이고 국가는 부강하게 될 것입니다.

그래서 수업 컨설턴트는 수업을 관찰하면서 과연 학생들이 학습의 즐거움을 맛보고 있는지, 학생들이 의미 있게 학습하고 있는지, 학생들이 존중받고 있는지, 학생들이 희망을 느끼고 있는지, 학생들이 관심과 꿈을 키워나가고 있는지를 보아야 합니다. 과연 수업이 학생들에게 이러한 경험을 제공하고 있는지를 따져야 합니다.

수업 분석을 어렵게 생각할 필요 없습니다. 저는 가장 먼저 학생의 얼굴을 보고 선생님의 얼굴을 봅니다. 만약 선생님의 얼굴에 화, 짜증, 심드렁함, 무표정 등이 보이면 문제가 심각하다는 것을 알 수 있습니다. 대신 학생과 교사의 얼굴에 생기가 돌고, 진지함과 동시 미소가 묻어 있으면 좋은 수업이라고 판단합니다.

웃음과 유머는 양념입니다. 마치 양념이 센 길거리 음식이 입맛을 다시게 해도 나중에 속을 쓰리게 하듯이 웃기는 수업과 웃기는 교사는 학생들에게 순간적으로 인기를 끌더라도 학생들에게 도움이 되지 않는 교육입니다. 살이 되고 뼈가 되는 진국같이 수업도 진심과 지혜로 이루어져 학생들을 인재로 만들어 주는지 살펴보아야 하겠습니다.

글로벌 시대의 인재

　교육의 목표를 국가적, 사회적, 그리고 개인적 차원에서 고려해 보았습니다. 즉, 경제, 사회, 심리적 차원에서 교육이 달성하고자 하는 목표였습니다. 한때 한 지역에서만 살던 사람이 이제는 전국이 일일권으로 묶이면서 전국으로 활동합니다. 그리고 전 세계가 활동 무대가 되는 글로벌 시대를 맞이했습니다. 이런 새로운 시대에 교육의 목표는 한 차원 더 큰 영역에서 고려해야 할 것입니다. 즉, 글로벌 인재가 교육의 목표가 되어야 할 때가 된 것입니다.

　전문성과 창의성과 인성을 오로지 자기만 잘 살고 자기 지역만 또는 자기 나라만 잘 살게 위해서라면 무언가 아쉽습니다. 각자만 잘 살겠다는 국가 사이에 갈등이 빚어지고 분쟁이 일어나고 전쟁까지 치르게 된다면 너무 많은 인재와 인생이 허비됩니다. 국가의 부가 증발하고, 애써 이룩한 사회가 파괴되고, 개인의 행복마저 사라지게 됩니다.

　그래서 교육의 가장 큰 목표는 세상을 이롭게 하는 인재를 양성하는 데 있어야 합니다. 그러한 인재를 가장 잘 양성해 내는 곳에 인재가 몰릴 것입니다. 그런 곳이 세상의 문화와 경제의 중심이 되겠지요. 결국 글로벌 인재가 많이 양성되면 개인도, 사회도, 나라도 성공하게 됩니다.

　이런 말은 어디서 나온 말입니다. 우리 교육 헌장에서 교육의 목표를 '세상을 이롭게 하는 홍익인간을 만드는 것'이라고 했습니다. 마음 깊이 새겨둘 말이라고 생각합니다. 최고의 교육 철학인 동시, 지향해야 하는 교육의 방향을 매우 구체적으로 알려주고 있습니다. 이제 실천만 남았습니다.

글로벌 인재가 갖추어야 하는 실력

본인 스스로도 행복하고 세상을 이롭게 하는 글로벌 인재는 세 가지 실력을 갖추어야 합니다.

첫 번째 실력은 전문성입니다. 의학, 공학, IT, NT, 문학, 사회학, 심리학 등 어떤 학과을 졸업하였던간에 중요한 것은 그 분야의 전문가로서 깊은 기본 지식이 있어야 하겠지요. 이건 너무 당연한 것이기에 추가 설명이 필요 없어 보입니다. 하지만 새로운 전문 지식과 정보가 매일 홍수같이 쏟아져 나오는 사회에서 전문가가 될 수 있는 방법은 오로지 평생 공부하는 길밖에 없습니다. 따라서 정보 홍수 시대에서 일컫는 '전문성'이란 평생 학습을 추구할 수 있는 능력을 뜻합니다.

조기퇴직, 명예퇴직으로 인하여 평생 여러 번 변신해야 살아갈 수 있는 새 시대를 두고 평생 교육 시대라고 합니다. 즉, 구시대가 '고3까지만 죽어라고' 공부하는 시대라면, 이제는 '죽을 때까지' 공부해야 하는 시대입니다. 평생 교육 시대가 요구하는 인재는 이처럼 스스로 배움을 추구하는 사람이지요. 이런 시대의 교육이란 두뇌라는 그릇을 가득 채우는 게 아니라 그릇 그 자체를 크게 만드는 것이어야 합니다.

두 번째 실력은 창의성입니다. 주어진 일을 주어진 방법 그대로 착실하게 하는 사람은 글로벌 인재가 아닙니다. 그건 무척 따분한 일이지요. 뿐만 아니라 시키는 일을 시키는 대로만 할 때는 곧 기계로 대치되어 조기퇴직을 당하게 되어 있습니다. 글로벌 인재는 새로운 일을 개척하거나 같은 일이라도 새로운 방법으로 풀어나갈 줄 아는 사람이지요.

결국 창의성이란 다른 사람의 뒤를 따라가는 기술자가 아니라 '앞서가는 전문가가 되기 위해서 갖추어야 할 필수 실력입니다. 그래서 창의성을 리더십의 핵심으로 보기도 합니다.

세 번째 실력은 인성입니다. 포용성, 자발성, 이해심, 열린 마음과 베풂의 마음 등을 포함한 인성이 무슨 '실력'이란 말인가, 인성은 성격이나 교양, 습관 등이 아닌가 하시겠지요. 그러나 저는 인성을 실력의 범주에 포함합니다.

요즘은 사회가 고도로 발전하여 복잡해서 혼자 해결할 수 있는 문제가 별로 없습니다. 따라서 다양한 능력을 지식을 지닌 사람들이 함께 팀워크와 네트워크를 이루어 일을 해야 합니다. 그렇기 때문에 일을 하고 싶으면 우선 남들이 자기와 함께 '일을 함께 하고 싶다'는 느낌을 들도록 해야 합니다. 즉, 인성은 '남과 더불어 일을 할 수 있는 능력'을 뜻합니다.

인성은 머리로 안다고 되는 것도 아니고 하루 만에 이루어지는 것이 아닙니다. 오랜 학습의 결과입니다. 우리는 오랜 학습의 결과를 실력이라고 합니다. 따라서 인성도 실력인 것입니다. 인성의 여러 요소 중에서 진실성은 전문가의 도덕성과 건설적 창의성으로 연결되므로 인성의 핵심이라고 볼 수 있습니다.

글로벌 차원, 국가 차원, 사회 차원, 개인 차원에서 어떠한 실력을 지닌 인재가 왜 필요한가를 살펴보았습니다. 이제는 그러한 인재를 어떻게 양성해야 하는가를 설명하고 싶습니다. 분명 유능한 인재는 유능한 교육자가 최고의 교수법을 동원해서 양성해 낼 것입니다. 그래서 유능한 교육자의 핵심 특성과 최고의 수업 요소를 소개하고자 합니다.

유능한 교육자의 핵심 특성

유능한 교육자는 앞서 설명한 전문성·창의성·인성을 갖춘 인재를 배출합니다. 그런 유능한 교육자의 핵심 특성에 대한 연구를 살펴 보면, 여덟 가지 요소가 공통적으로 발견된다고 합니다. 가장 중요한 요소 순으로 나열하면 학생들을 위한 배려, 수업 내용에 관한 지식, 흥미(동기)유발, 학생들에게 충분한 시간을 할애함, 토론을 장려함, 명확하게 설명하는 능력, 열의, 준비 순입니다.

유능한 교육자의 핵심 특성 8가지와 3영역

저는 이 연구 결과를 제 경험에 비춰 보았을 때에 두 가지 문제점에 봉착하게 되었습니다. 첫째, 여덟 가지 요소 중에 어느 하나라도 더 중요하고 덜 중요한 게 없다고 여겨왔기 때문에 순위에 수긍하기가 어려웠고,

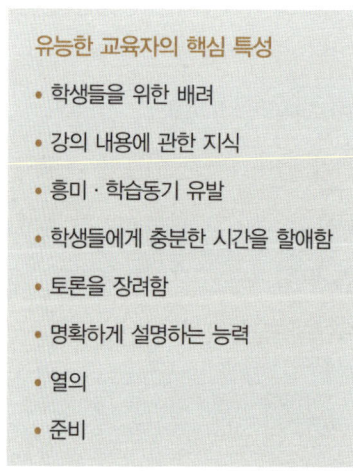

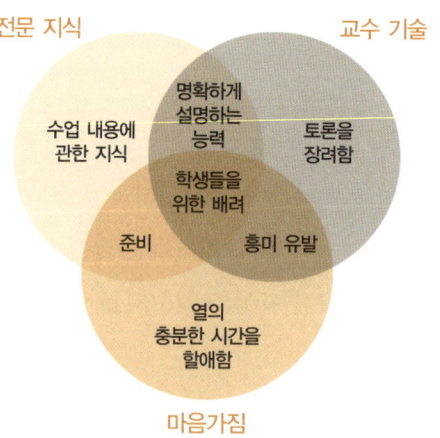

서로 상당한 연관성을 지녔기 때문에 세부 요소로 구분하기가 어려웠습니다.

둘째, 여덟 가지 중 일곱 가지는 매우 구체적이기에 그 단어가 무엇을 뜻하는지 쉽게 이해가 되었습니다. '설명을 잘한다, 준비한다, 토론을 장려한다, 지식을 지녔다, 흥미와 동기를 유발한다' 등은 그 실상과 어떻게 하는 것인지, 그에 의한 결과가 훤하게 그려집니다. 하지만 '학생들을 위한 배려'라는 요소가 진정 무엇을 뜻하는지 모호하였습니다.

그래서 오랜 생각 끝에 저는 독자적으로 여덟 가지 핵심 요소를 세 영역으로 재구성하는 해결책을 개발했습니다. 전문지식, 교수법 기술, 마음가짐(교사관, 교육 철학)의 영역을 서로 일부 겹치도록 그린 후에 핵심 요소 여덟 가지를 해당되는 부위에 지정해 보았습니다.

수업 내용에 관한 지식은 전문 지식의 영역입니다. 열의와 학생들에게 충분한 시간을 할애하는 행위는 교수의 마음자세에 대한 내용입니다. 물론 우리는 흔히 학생이 소중하다는 것을 알면서도 급한 잡무부터 처리합니다. 의미없는 잡무임을 알면서도 다양한 이유들 때문에 어쩔 수 없다고 불평하면서도 잡무를 먼저 합니다.

다른 일 때문에 학생들을 위한 시간이 없다는 말은 그만큼 학생이 우선순위에서 밀려난다는 뜻이지요. 학생보다 다른 일을 먼저 선택하는 것입니다. 선택에 대한 우선순위는 가치관이 정합니다. 잡무 때문에 강의실에 들어가서 학생들과 함께 하는 시간이 모자란다면 그만큼 교육 철학이 부실하다는 증거일수도 있습니다.

수업 준비는 학생들을 위한 열의와 시간이 있다고 되는 게 아니지요. 가르치고자 하는 내용에 대한 확실한 지식이 동시에 있어야 합니다. 이와 반대로 아무리 박식해도 학생에게 할애할 시간이 없으면 수업 준비는

되지 않습니다. 그래서 준비는 마음가짐과 전문지식의 영역이 겹치는 곳에 존재합니다.

동일한 이유로 '명확하게 설명하기'는 전문지식과 설명하는 기술의 영역이 겹치는 곳에 존재하고, '학습동기 유발'은 그 수업에 대한 자신의 열의가 학생들에게 전달되도록 하는 기술이 동시에 필요합니다.

이렇게 재정리 해보면 유능한 교육자의 여덟 가지 핵심 특성 중 가장 중요하다는 '학생에 대한 배려'는 세 영역이 모두 겹쳐지는 정 중앙에 자리를 잡게 되었습니다. 드디어 최고 핵심의 정체가 드러났습니다.

'학생을 위한 배려'란 다른 요소들과 달리 어느 두어 가지 구체적인 행위가 아닌 것입니다. 그저 학생들을 예뻐하고, 보살피고, 다정다감하게 다가가고, 학점을 잘 주고, 듣기 싫어하는 잔소리를 하지 않는 것 등이 아닙니다.

유능한 교육자의 최고 핵심 요소는 나머지 일곱 가지 핵심 요소가 두루 존재할 때에 비로서 나타나는 현상입니다. 행할 수 있는 구체적인 방법이 아니라 나타나는(얻어지는) 결과라는 뜻입니다.

'학생을 위한 배려'는 교사가 충분한 전문지식과 효과적인 가르침 기술을 지니고 확고한 교육 철학과 교직관을 가져야 나타나는 형태입니다. 세 영역에서 어느 하나 빠질 수 없습니다. 무척 부담스러울 것입니다. 쉬운 일이 아니지 않습니까.

그래서 교육자와 스승은 존경받는 존재인 것입니다. 쉬운 일은 아무나 할 수 있지만 유능한 교육자는 쉽게 달성할 수 있는 목표가 아니니까요. 졸업장과 자격증, 스펙을 갖추었다고 저절로 얻어지는 권위가 아닙니다. 아무쪼록 존경이란 남보다 우월해서 얻어지는 게 아니라 스스로를 엄격하게 다스리고 대의를 추구하는 길을 걸을 때 받는 대우입니다.

최고의 수업이란?

또 하나의 연구 결과를 소개하겠습니다. 최고의 수업은 다음 다섯 가지를 포함한다고 합니다.

- 새로운 정보를 알려준다.
- 어려운 개념을 설명하고 명료화하고, 정돈한다.
- 배움에 대한 존중심을 고취시킨다.
- 더 깊게 학습하기 위한 열정과 동기를 부여한다.
- 믿음과 생각하는 방법들을 다시 고려하게 한다.

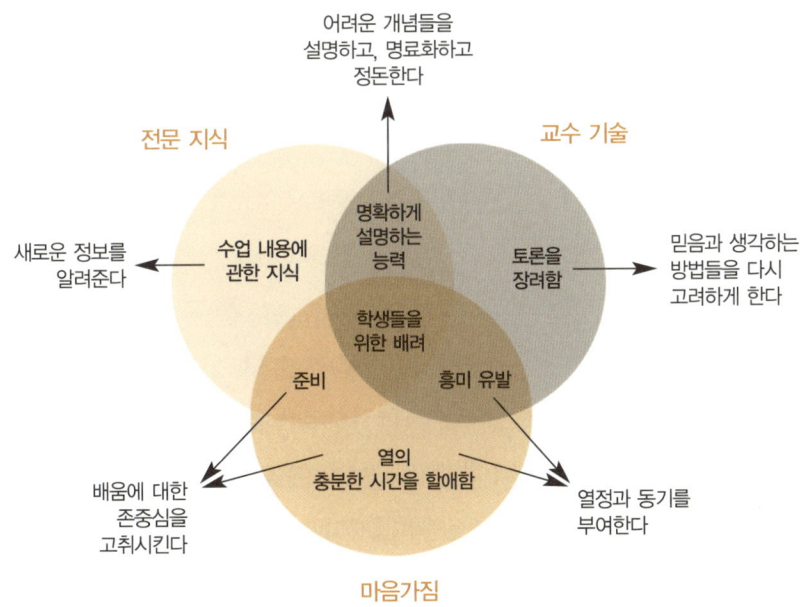

최고의 수업은 유능한 교육자가 하는 것이기에 저는 최고의 수업에 담기는 다섯 가지 행위를 유능한 교육자의 세 가지 영역과 여덟 가지 핵심 특성과 연관 지어 하나의 도표에 담아냈습니다.

최고의 수업 결과

최고의 수업에 담기는 다섯 행위는 교수자가 학생들에게 하는 것입니다. 그렇다면 이러한 교수의 행위가 학생들에게 어떤 결과(교육적 효과 및 변화)로 이어질까요.

첫째, 학생은 새로운 정보와 지식을 알게 되겠지요.

둘째, 교수자가 내용을 정리하고 명료화하고 설명하는 방식을 보여주고, 또 학생들로 하여금 생각하도록 유도해서 학습자 중심으로 수업을 이끌어나간다면 학생 스스로 학습할 수 있는 역량을 키우고 자기 주도학

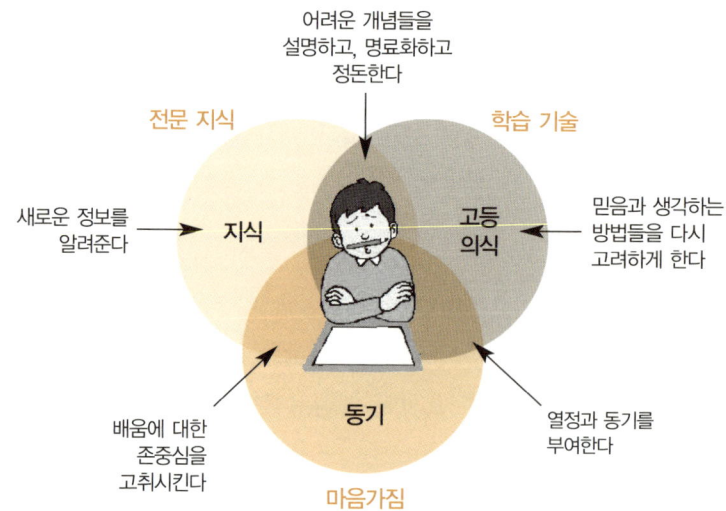

습 기술도 전수받게 되겠지요.

셋째, 열정과 동기를 부여하는 교수자의 모습을 보면서 학생은 학습자의 올바른 자세를 서서히 갖추게 됩니다. "공부 열심히 해라", "생각 좀 해라", "공부하고 싶은 열정이 있어야지" 등 잔소리하거나 훈계하거나 쓴소리 하는 게 아니라 선생님 스스로 학생에게 열정을 보이고, 시험과 성적 때문에 괴로움을 참고 하는 학습이 아니라 진정한 학습의 즐거움을 맛보게 하여 배움 그 자체에 소중한 가치가 있음을 깨닫게 하는 것이지요.

즉, 훌륭한 수업이란 학생들에게 무엇(지식)을 어떻게(기술) 배운다는 것과 그것을 배우고 싶어하는 마음(태도)을 전달하는 것입니다. 결국 유능한 교육자의 핵심인 세 영역이 학생들에게 고스란히 전달되는 셈입니다. 단 교수 기술이 학습 기술로 바뀐 것만 다릅니다. 또다시 "학생은 수업을 받는 게 아니라 교사를 받아들인다"라는 명언이 확인되는 셈입니다.

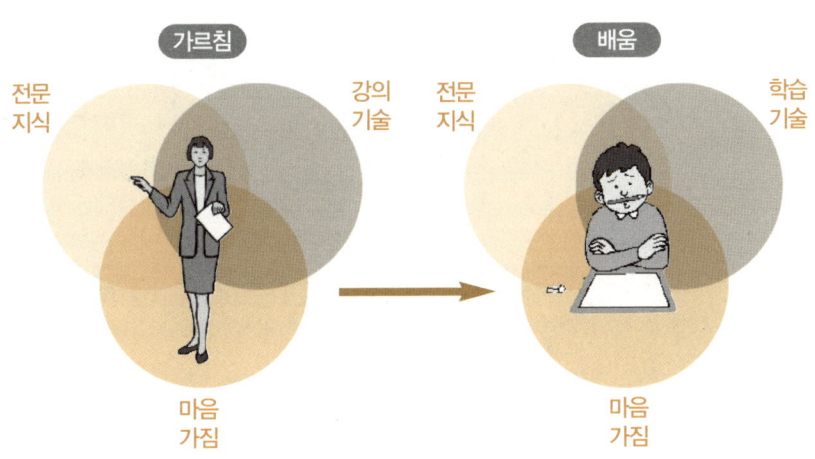

7
교육 전문 조직을 위한
수업 컨설팅의 실행 순서

수업 컨설팅의 절차 4단계

상담 절차는 크게 4단계로 나누어집니다.

'무엇(what)', '어떻게(how)'와 '왜(why)'에 대한 상세한 설명은 앞서 다루었습니다. 그리고 구체적인 샘플은 8장에 실었습니다. 이제는 그 '무엇'을 '어떤 절차를 거쳐야 하는가'를 알아야 실행할 수 있게 됩니다.

이 부분은 전문 컨설턴트와 교수학습개발센터처럼 교육 전문 조직을 위한 내용입니다. 동료 차원에서 수업 컨설팅을 하는 분은 굳이 이 장을 볼 필요는 없다고 생각합니다.

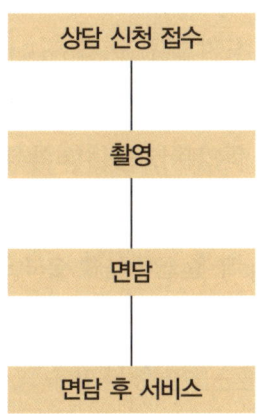

수업 상담 신청 접수

　상담 신청이 들어오면 곧바로 '비디오 피드백 상담 안내서(안내서)'를 보내십시오. 안내서의 주된 목적은 상담 신청자가 가장 궁금해할 정보를 주기 위한 것과 상담을 하기 위해 컨설턴트가 알아야 할 정보를 얻기 위한 것입니다.

　어느 교수자가 비디오 피드백 방법이 좋다는 소문을 듣고 상담을 신청했다면 이모저모 궁금한 점이 한두 가지가 아닐 것입니다. '내가 무엇을 준비해야 되나? 학생들에게 미리 말을 해두어야 하나? 면담은 몇 시간일까? 혹시 수업 평가서가 재단 또는 교육청으로 넘어가지는 않을까? 누가 자문을 할 것인가?' 생각날 때마다 컨설턴트에게 연락해서 물어봐야 한다면 여간 짜증나는 일이 아닐 것입니다. 그래서 안내서에는 이러한 질문에 대한 답을 미리 제시해 두어야 합니다.

　컨설턴트가 교수자에게 알아내야 할 것도 많습니다. 촬영하는 시간과 장소, 그리고 면담 시간을 정하는 것은 기본이지요. 이외에 상담을 효과적으로 하기 위해서 과목, 학생들에 대한 정보, 상담 목표 등을 미리 알아야 합니다. 교수자에게 여러 차례 문의하여 그를 짜증나게 할 수도 있습니다. 그래서 안내서에는 교수자에게 하고 싶은 질문들을 하나의 설문지로 담아야 합니다.

상담 절차에 대한 정보

　상담에 대한 정보와 상담을 위한 질문이 웹페이지나 소식지에 상세하게 안내되었더라도 다시 한번 '비디오 피드백 상담 안내서'에 요약하여

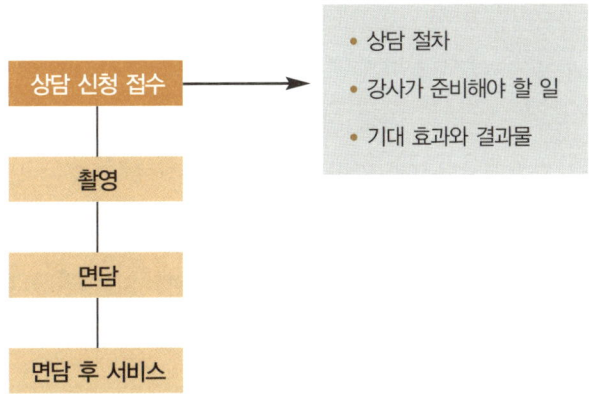

신청을 받는 즉시 신청자에게 보내는 것이 바람직합니다.

상담 절차는 크게 교실 방문과 촬영, 그리고 컨설턴트와 만나 비디오를 관찰하면서 수업을 분석하는 면담으로 나눌 수 있습니다.

촬영 절차

- 누가 교실에 방문할 것인가를 알린다.

  컨설턴트가 반드시 교실을 방문해야 합니다. 비디오 테이프에 잡힌 수업 모습만 관찰하여서는 좋은 상담을 준비하기 어려울 것입니다. 컨설턴트 외에 비디오 기사를 동반할 수도 있습니다. 경험이 많은 컨설턴트는 기사를 따로 동반할 필요는 없을 것입니다.

- 수업을 마치기 10분 전에 끝내달라고 부탁한다.

  컨설턴트가 학생들과 약 10분 정도의 시간을 보내면서 학생들에게 코멘트를 받는 것이 무척 중요합니다.

면담(촬영 후 분석 방문) 절차

- 면담은 1시간 ~ 1시간 30분 정도라고 알린다.
  선생님의 요구에 따라 면담 시간을 30분 정도 연장할 수 있도록 면담시간을 모두 2시간으로 잡아야 여유를 가질 수 있습니다.
- 면담은 비디오를 찍은 후 48시간 이내로 예약한다.
  하지만 초보 상담자일 경우 하루나 이틀 정도의 여유를 더 가지십시오.

교수자가 준비해야 할 일

교수자가 학생들에게 미리 알려야 할 사항

- 촬영하기 전 주에 학생들에게 미리 촬영을 예고한다.
  "다음 주 중 하루, 교수법 컨설턴트가 참석하여 수업하는 모습을 비디오 촬영할 것"이라고 알려준다.
- 비디오 촬영은 교수자의 교수법을 향상하기 위한 것이지 학생들을 관찰하기 위해서가 아니라고 말한다.
- 따라서 "학생들은 촬영에 신경쓰지 않고 평소대로 임해주는 것이 가장 도움이 될 것"이라고 당부한다.

교수자가 비디오 촬영하는 날 염두에 두어야 할 사항

- 당일 교수자는 컨설턴트를 학생들에게 소개하지 않고 평상시대로 수업을 진행한다.
- 수업을 10분 일찍 끝낸다.

교수자가 미리 컨설턴트에게 제출해야 할 사항

- 촬영 약속: 날짜, 시간(몇 시부터 몇 시까지), 장소
- 과목에 대한 정보: 과목명, 필수·선택·기타, 수강생 학년, 수강생 수
- 선생님에 대한 정보: 수업 경력
- 상담에서 얻고 싶은 내용: 1. 수업할 때 어떤 어려움이나 문제점이 있습니까? 어떤 점을 개선·발전시키고자 하는지 구체적으로 2~3가지 생각해 보십시오. 2. 선생님께서는 이번 강좌에서 어떤 교육 목표로 수업을 진행하십니까? 3. 비디오 촬영을 하는 수업 시간에는 어떤 목표(핵심 내용)를 달성하고자 합니까? 4. 비디오 촬영을 하는 수업 시간에는 학생들이 어떤 내용을 혼란스러워 할 것이라고 예상하십니까?

    교수자와 컨설턴트가 위 내용을 주고 받으면서 라포(상담이나 교육을 위한 전제로 신뢰와 친근감으로 이루어진 인간관계)를 형성할 수 있는 기회를 얻게 됩니다. 면담 전에 이러한 초기 수준의 상호작용에서 컨설턴트에 대한 첫인상이 형성된다는 점을 잊지 마십시오. 첫인상은 말 그대로 그저 첫인상일 뿐이지만 그게 컨설팅의 전 과정을 수월하게 만들 수도 있고 정반대로 어렵게 할 수도 있습니다. 아무쪼록 좋은 첫인상을 주어야 합니다.

    좋은 첫인상을 주는 방법은 앞서 소개한 상담의 금기 네 가지와 방법 네 가지를 염두에 두고, 특히 '감정 코칭' 기법을 동원하면 훨씬 더 수월해집니다.

결과물과 기대 효과

결과물

- 이 모든 과정은 완전 비밀이 보장되며 결과물은 백 퍼센트 교수자 본인의 소유라는 점을 강조한다.
- 촬영된 수업을 CD 또는 비디오 테이프로 제작해 드린다.
- 면담 시 상담 노트와 설문 결과를 교수자에게 드린다.

기대 효과

- 교수자의 '발표 기술'이 잘 관찰·분석되므로 발표 기술은 쉽게 향상될 것이다.
- 비디오 피드백은 학생들 입장에서 수업을 보게 해준다. 따라서 교실 분위기와 학생들의 반응, 학습 자세 등을 알게 될 것이다.
- 교육 내용에 관련된 사항(학생들이 수업 내용을 어느 정도 이해하게 되었는지, 예가 적절하였는지, 교육 목적을 달성하였는지 등)도 교수자 스스로 어느 정도 판단할 수 있을 것이다. 그러나 첫 상담에서는 교육 내용에 관련된 사항이 분석되지 않을 것이다. 교육 내용에 대한 상담은 추후 상담을 이용하여야 할 것이다.
- 학생들과 어떤 관계를 유지하는가를 알게 되어 상담 후 교수자가 원하는 관계를 형성할 수 있을 것이다. 하지만 이 역시 단 한번의 상담으로 이루기는 쉽지 않을 것이다.

수업 촬영

요즘에는 비디오 촬영할 수 있는 도구가 많고 이것을 쉽게 사용할 수 있습니다. 심지어 휴대전화도 대개 비디오 촬영 기능을 가지고 있습니다. 그러나 가능하면 성능이 좋은 비디오 카메라를 삼각대에 고정해서 촬영하길 바랍니다.

특히 교실 맨 뒤에서도 교수자의 얼굴이 화면에 꽉 찰 정도로 확대할 수 있으면 좋습니다. 또한 비디오 카메라가 원격 마이크로 폰으로 연결되어 교사의 목소리가 크고 깨끗하게 녹음되어야 좋습니다.

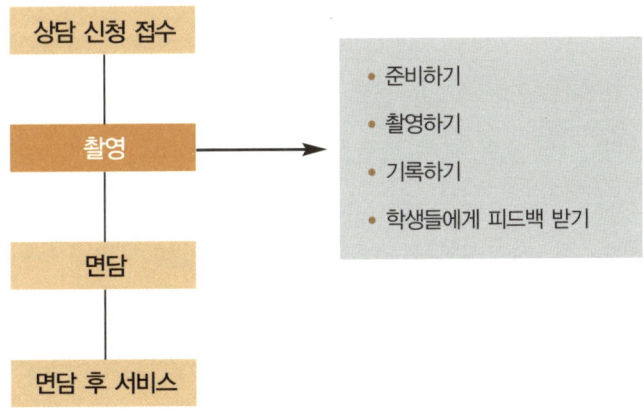

촬영 준비

- 교실을 미리 방문해서 교실 구조를 본다.
- 촬영하는 날 미리 가서 준비를 끝낸다.
- 전선(extension cord)을 충분히 가져간다.
- 가능하면 핀 마이크를 준비하여 교수자의 목소리가 잘 녹음되도록 한다.
- 가능하면 교실 중간에 와이드 앵글(wide-angle) 마이크를 놓아 학생들의 반응도 동시 녹음한다.
- 휴대전화를 끈다.
- 오디오 품질에도 신경을 쓴다
- 수업 중에 컨설턴트의 모습이 가능한 눈에 띄지 않도록 한다.
- 디지털 시계를 준비한다.

비디오 촬영에 관한 사항은 흔히 컨설팅받는 교수자의 학교에서 준비해 놓습니다. 그럴 경우 준비 사항을 미리 세세하게 알려주어 좋은 품질의 녹화가 가능하도록 해야 합니다.

저는 상대방이 미리 제가 원하는 대로 준비해 놓았을 것이라고 단정하지 않습니다. 그래서 약속된 수업 시간보다 훨씬 전에 가서 준비된 사항을 미리 점검합니다.

원하는 대로 준비가 되지 않아서 컨설팅의 효과가 떨어졌다면 탓해야 하는 사람은 컨설턴트 본인입니다. 컨설팅의 최종 책임자는 컨설턴트라는 점을 잊지 말아야 합니다.

수업 촬영

- 수업이 시작되기 3~5분 전부터 촬영한다.
- 첫 10~15분내에, 줌 아웃(Zoom out)된 상태로 약 5분 정도 찍는다. 세미-줌 인(Semi-zoom in)을 하여 상반신을 2~3분 정도 찍는다. 얼굴 위주를 클로즈 업(Close-up)하여 한 차례 1~2분 정도 찍는다.
- 줌 아웃(Zoom out) 상태에서는 학생들의 모습까지 보이도록 한다.
- 가능한 교실 뒷부분 코너에서 촬영한다.
- 역광선을 피한다
- 창문이 있는 쪽에서 촬영한다.
- PPT를 사용하는 경우 스크린과 교수자가 동시에 카메라에 잡히지 않도록 한다. 스크린 내용을 찍을 경우 스크린만 찍는다.
- 교수자가 한 곳에 서 있지 않고 자주 움직일 경우 줌 아웃 상태에서 촬영한다. 이럴 때 교수자를 화면 중심에 잡지 않고 교수자가 화면의 끝과 끝을 오가도록 한다. 화면은 가능한 고정한 상태에서 촬영한다.

가능하다면 카메라를 추가하여 학생 쪽으로 향하게 해서 수업받는 모습도 동시에 담아내면 좋습니다. 하지만 이 경우 컨설턴트가 수업을 분석하는 시간이 세 배 정도 더 걸릴 것을 염두에 두셔야 합니다.

그리 많은 시간을 할애할 수 없다면 아예 추가 정보를 수집하지 않는 게 좋습니다. 어렵게 촬영해놓고 사용하지 않으면 피로만 증가시킬 뿐이기 때문입니다.

기록하기

수업 진단표 작성(샘플은 다음 장에서 소개하겠습니다)
- 수업 진단표를 참조한다.
- 수업 진단표에 나온 항목에 따라 평가하고 코멘트 한다.

시간 관리
- 수업이 시작하기 3~5분전부터 기록한다.
- 시간을 적으면서 코멘트 한다.
- 학생 몇 명이 언제 출석하였는지 기록한다.

공간 관리
- 교실 내부 구조를 스케치하여 칠판, 스크린 등을 표시한다.
- 책상 배치를 그려 학생들이 어디에 앉아 있는지 표시한다.
- 교수자의 위치를 표시한다.

수업 구성
- 수업 내용의 큰 단락을 표시한다.
- 수업에 단락이 지어지는 곳(transition point)을 관찰한다.

수업 운영
- 학생들과의 상호작용의 종류를 관찰한다.
- 학생들의 표정을 관찰한다.
- 학생들의 자세(비구어적 커뮤니케이션)를 관찰한다.

학생들에게 피드백 받기

인사
- 학생들에게 자신(컨설턴트)을 소개한다.
- 목적을 밝힌다.
- 학생들을 좀더 잘 가르치기 위해 노력하는 교수자에게 감사하다.는 뜻으로 다함께 박수친다.

설문지
- 설문지의 목적을 밝힌다.
- 학생들에게 설문지를 돌린다.
- 설문지는 익명으로 작성한다는 점을 강조한다.
- 성의껏 써주면 고맙겠다는 뜻을 전한다.

학생들에게 컨설턴트가 마치 암행어사가 출두한 것처럼 느껴지지 않도록 존재를 드러내야 합니다. 수업할 때에는 방해가 되지 않도록 최선으로 '숨어' 있어야 하지만, 수업 후에 학생들에게 자신을 소개하고 컨설턴트가 수업에 참여하는 이유를 확실하게 설명해야 합니다.

설명을 할 때에는 컨설팅은 선생님이 스스로 요청한 것이라는 점을 부각시키고, 컨설팅을 스스로 받겠다는 선생님이야말로 진정 학생들을 위하는 선생님이라는 점도 빼 놓지 않아야 하는 점입니다. 학생들 앞에서 교수자의 자존심을 최대한 보호하고 존재감을 최대로 높여주어야 합니다.

수업 비디오 촬영 후 면담하기

　면담 장소는 깨끗하고 조용해야 하며 편안하고 부드러운 분위기가 느껴져야 합니다. 비디오 테이프와 모니터 등 상담에 필요한 기자재 등이 완전히 준비되어 있는 상태에서 시작합니다. 상담은 한 시간으로 한정합니다. 단 교수자가 원할 경우 30분 정도 초과할 수 있습니다.
　초보 컨설턴트일 경우 두 명 이상의 컨설턴트가 팀으로 상담할 수도 있습니다. 이 경우 컨설턴트들이 함께 준비하고 서로 역할을 분담해야 합니다.
　상담은 크게 4단계로 나눌 수 있습니다. 경우에 따라 '비디오 관찰과 자가 진단하기'와 '자문하기'를 동시에, 또는 번갈아가면서 할 수도 있습니다.

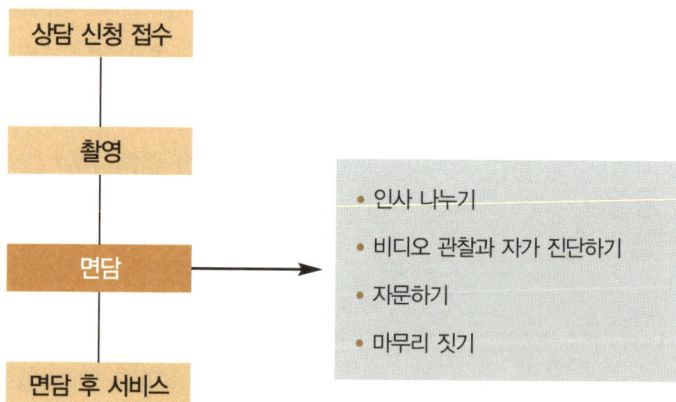

인사 나누기(2~3분)

- 교수자와 컨설턴트는 서로 마주 앉지 않고 90도 각도로 앉는다.
- 친밀감을 유도하는 대화를 나눈다.
- 상담 절차를 요약한다.
- 비디오를 관찰할 적에 무엇을 주시해야 하는지, 어떤 점에 신경을 써야 하는지 미리 알려준다.
- '자가 진단표'를 설명한다.

비디오 테이프 보기와 자가 진단하기(15분 가량)

- 비디오 플레이어 컨트롤러를 교수자의 손에 쥐어준다.
- 코멘트하고 싶은 부분을 발견하면 언제라도 비디오 플레이어를 정지시키라고 권한다.
- 5분 이내에 아무 반응이 없으면 컨설턴트가 개입하여 비디오를 정지시킨다.
- 비디오를 관찰하면서 '자가 진단표 1(목소리, 몸동작, 칠판·PPT 쓰기)'과 '자가 진단표 2(수업진행, 수업구성, 학생들과의 관계)'를 작성하게 한다. 자가 진단표를 작성하는 동안 말을 걸지 않는다.
- '자가 진단표 1'에 낮은 점수로 평가된 목소리, 몸동작 등에 관한 항목을 차례로 지적하고 이유를 묻는다.
- 교수자가 말을 할 적에는 말을 끊거나 끼어들지 않는다.
- 물론 교수자의 말이 한없이 길어지면 적당한 시기에 개입한다.

자문하기

앞부분

- 이유를 듣고 난 후 컨설턴트의 평을 말한다.
- 일단 구체적이며 단편적인 사항을 지적하고 분석하고, 자문한다.
- 초보 컨설턴트일 경우(또는 신임 교수자일 경우) 쉽게 눈에 뜨이는 행동 위주로 상담한다.
- 경력 컨설턴트일 경우(또는 경력이 많은 교수자일 경우) 교수자의 생각, 느낌 위주로 상담한다. 그리고 교수자가 순간적 판단과 결정을 어떻게 하는지에 초점을 맞춘다. 특히 행동, 느낌, 생각이라는 삼각 관계로 풀이한다.

중간부분

- '촬영 전 설문지'에 명시된 문제점을 다룬다.
- 문제 해결책을 제시할 경우, 가능하면 교수자가 선택할 수 있도록 방안(해결책)을 단 하나만 제시하지 않고 여러 가지로 제시한다.
- 교수자가 놀랄 만한 예리한 지적을 한두 개 정도 한다.
- 종합적이고 가장 중요한 내용은 뒷부분에 설명한다.

뒷부분

- 지적된 사항을 검토하고 가장 시급하게 개선하고 싶은 점을 선택하게 한다.
- 구체적인 방법을 적게 한다.
- 방법의 타당성과 적절함을 가볍게 논의한다.

마무리 짓기

- 상담을 위해 준비된 모든 자료를 정리하여 교수자에게 드린다.
- 모든 자료는 교수자의 것이며 복사본을 두지 않는다는 점을 강조한다.
- 추후 컨설팅의 가능성을 설명한다.
- 수업 촬영 및 분석에 대한 소감을 피력하게 한다.
- 컨설팅에 대한 컨설턴트의 소감을 전한다.
- (선택 사항) 다른 서비스를 설명한다.
- (선택 사항) 컨설팅의 홍보자로서 다른 선생님께도 알려주기를 제안 및 부탁한다.

교수자는 면담 내내 자신의 수업의 단점이 마음에 걸려서 신경을 잔뜩 쓰게 됩니다. 그래서 언제 시간이 훌쩍 지나갔는지 정신이 없을지도 모릅니다. 즉, 컨설팅을 충분히 객관적으로 볼 수 있는 상태가 아니지요. 그래서 면담이 끝날 때쯤 교수자가 드디어 모든 게 끝났다고 안도하면서 '제 정신'으로 돌아왔을 때, 컨설팅 과정을 요약하며 어떤 내용들이 오갔는지, 느낌은 어땠는지 서로 이야기를 나누는 시간이 필요합니다.

컨설턴트가 컨설팅의 결과로 교수자에게 필요한 것을 말해주어 컨설팅의 경험을 다듬어주는 작업이 필요합니다. 이것은 마치 컨설팅이라는 선물을 보자기에 싸주는 것과 비슷합니다. 또한 수술한 부분에 반창고를 붙여주는 것과 같습니다. 들고 가기 편한 면도 있고, 흉한 모습이 더이상 보이지 않도록 하는 면도 있습니다.

아무쪼록 교수자가 면담을 마치면서 속이 뻥 뚫린 시원함과 앞으로 좀 더 발전하고자 하는 뜨거움을 동시에 느낀다면 최고의 컨설팅이라 할 수 있습니다.

상담 후 서비스

상담이 끝난 후 컨설턴트는 교수자에게 상담 후 서비스를 해주는 게 바람직합니다. 하지만 컨설팅 결과에 따라 면담 후 서비스 종류와 빈도를 조정해야 합니다.

최소

- 면담을 하고 난 후 간단한 인사 편지 또는 전자우편을 보낸다.

"컨설팅이 도움이 되었기를 바랍니다"라는 짧은 한마디지만 교수자에게 컨설팅 경험을 한 번 더 상기시켜주고 면담을 할 때 다졌던 각오나 발전에 대한 의욕이 좀 더 지속될 수 있도록 돕습니다.

일반

- 적절한 책자(구체적인 교수법 기술이나 이론) 리스트를 보낸다.
- 교수법에 대한 웹 사이트 주소(URL)를 보낸다.
- 다른 서비스에 대한 안내문을 보낸다.

면담 시 다 풀지 못한 조언 보따리를 조금씩 풀어주면 교수자가 좀 더 쉽게 조언들을 소화할 수 있습니다.

최적

- 두 번째 면담을 약속한다.   • 상담에 대한 홍보를 맡긴다.

한두 시간 내로는 충분한 컨설팅이 이루어지지 않습니다. 첫 면담 후 생각할 수 있는 시간을 가진 후에 추가 면담을 고려하면 좋습니다.

부록

샘플 설문지와 자가 진단표

〈수업 촬영 전 설문지〉 샘플 1

● ● ●

과목명
전공 필수 (   )   전공 선택 (   )   교양 과목 (   )
수강 학생의 학년 :   수강 학생 수 :

1. 수업 시 어떤 어려움이나 문제점이 있습니까? 어떤 점을 개선·발전시키고자 하는지 구체적으로 2~3가지 생각해 보십시오.

   _____
   _____
   _____
   _____

2. 선생님께서는 이번 강좌에서 어떤 교육 목표를 갖고 수업을 진행하십니까?
   (   ) 지식을 얻는다.
   (   ) 상식, 이론, 원리를 배운다.
   (   ) 그 학문의 전문가로 활약하기에 필요한 실력, 사고방식, 관점을 개발한다.
   (   ) 그 학문의 전문가들이 새로운 지식을 추구할 때에 사용하는 과정을 배운다.
   (   ) 수업 내용을 이용하여 문제 해결하기, 판단-결정하기, 합리적으로 생각하는 능력을 개발한다.

(   ) 창의력을 개발한다.
(   ) 말하기와 글쓰기 실력을 향상한다.
(   ) 책임 의식을 강화한다.
(   ) 수업 내용을 자신과 연관시킬 수 있도록 한다.
(   ) 지적, 문화적 행사에 대한 폭 넓은 이해심과 감수성을 키운다.

3. 비디오 촬영을 하는 수업 시간에는 어떤 목표(핵심 내용)를 달성하고자 합니까?

_____
_____
_____
_____
_____

4. 비디오 촬영을 하는 수업 시간에는 수강생들이 어떤 내용을 혼란스러워 할 것이라고 예상하십니까?

_____
_____
_____
_____
_____

⟨수업 촬영 전 설문지⟩ 샘플 2

● ● ●

1. 선생님께서는 어느 수준의 학생들을 염두에 두고 수업을 준비하십니까?
   ① 수강생 모두가 이해할 수 있도록 준비한다(학생이 지난 수업에 출석하지 않아도 그날 수업만큼은 이해할 수 있도록 준비).
   ② 수강생 75퍼센트 정도가 이해할 수 있는 수준으로 준비한다(학생이 출석만 꼬박꼬박하면 대충 따라올 수 있도록 준비).
   ③ 수강생 평균에 맞춘다.
   ④ 상위 25퍼센트만 쉽게 따라올 수 있는 수준이다(학생이 출석과 공부를 꼬박꼬박해야 이해할 수 있도록 준비).
   ⑤ 최상위권 위주로 준비한다(복습과 예습을 해야만 수업 내용을 따라올 수 있도록 준비함).

2. 학생 몇 퍼센트가 복습(지난 수업 내용에 대해서 교과서 읽기, 문제 풀어보기 등)을 해왔으리라고 생각하십니까?
   ① 0퍼센트   ② 25퍼센트   ③ 50퍼센트   ④ 75퍼센트   ⑤ 100퍼센트

3. 학생들이 지난 수업 내용을 얼마나 이해하고 있는지를 어떤 방식으로 포착하십니까?
   ① 숙제를 점검한다.
   ② 퀴즈를 치른다.
   ③ 수업 중에 학생들에게 질문을 한다.

④ 학생들의 태도에서 느낀다.
⑤ 이 외에 다른 방법으로 살핀다.
⑥ 모른다.

4. 몇 퍼센트의 학생이 예습(그날 수업 주제에 대해서 교과서 읽기, 훑어보기 등)을 해왔으리라고 생각하십니까?
   ① 0퍼센트 ② 25퍼센트 ③ 50퍼센트 ④ 75퍼센트 ⑤ 100퍼센트

〈수강생 피드백〉 샘플 1

• • •

1. 이 시간에 배운 것 중에서 가장 중요하다고 생각하는 것은 무엇입니까?

가장 중요한 주제는?
_____
_____
_____
_____
_____

주제의 핵심 메시지는?
_____
_____
_____
_____
_____

어떤 부분이 가장 혼란스럽습니까?
_____
_____
_____
_____
_____

〈수강생 피드백〉 샘플 2

이 강좌에서 선생님이 주로 어떤 면을 강조하십니까? 세 가지만 골라 체크하십시오.

(   ) 상식, 이론, 원리 가르치기
(   ) 이 학문의 전문가로 활약할 때 필요한 실력, 사고방식, 관점 개발하기
(   ) 이 학문의 전문가들이 새로운 지식을 추구할 때에 사용하는 과정을 가르치기
(   ) 수업 내용을 적용하여 문제풀기, 판단하기, 합리적으로 생각하는 능력을 개발하기
(   ) 창의력 개발하기
(   ) 말하기와 글쓰기 실력 향상하기
(   ) 책임 의식 강조하기
(   ) 수업내용을 자신과 연관시킬 수 있도록 하기
(   ) 지적, 문화적 행사에 대한 폭넓은 이해심과 감수성 키우기

〈수강생 피드백〉 샘플 3

● ● ●

1. 오늘 이 시간에 배운 것 중에서
가장 중요한 주제는?
_____
_____

주제의 핵심 메시지는?
_____
_____

어떤 부분이 가장 혼란스럽습니까?
_____
_____

2. 일반적으로 평상시
선생님의 수업에서 어떤 점이 가장 좋다고 생각하십니까?
_____
_____

선생님의 수업 개선을 위하여 제안하고 싶은 점을 적어주시기 바랍니다.
_____
_____

3. 수업 관찰 항목

수업 전 준비하기

- ☐ 수업 시간 전에 교실에 들어간다.
- ☐ 수업 시작 전에 학생들과 어울린다(interact).
- ☐ 수업 준비를 모두 끝낸다.
- ☐ 학생들을 보면서 출석을 부른다.
- ☐ 자신감을 보인다.

시작하기

- ☐ 정시에 수업을 시작한다.
- ☐ 수업 시작을 확실하게 신호한다.
- ☐ 학생들의 주의력을 자신 앞으로 모은다.
- ☐ 수업 주제를 알려준다.
- ☐ 수업 '교육 목표'를 알려준다.
- ☐ 지난 수업 내용의 핵심을 요약한다.
- ☐ 지난 수업 내용과의 연관성을 말한다.
- ☐ 수업 소제목을 나열하여 수업의 윤곽(큰 그림)을 알린다.

목소리

- ☐ 목소리 크기가 적절하다.
- ☐ 말하는 속도가 적절하다.
- ☐ 목소리에 변화가 있다.
- ☐ 발음이 정확하다.

- ☐ 말이 처음부터 끝까지 또박또박하다.
- ☐ "에, 또, 음" 등 불필요한 말이 들어있지 않다.
- ☐ 목소리에 생동감이 있다.
- ☐ 목소리에 짜증이나 귀찮음이 배어있지 않다.
- ☐ 목소리가 편안하다.
- ☐ 목소리가 처음부터 끝까지 일정하다.
- ☐ 말투가 적절하다.

몸동작과 공간 관리
- ☐ 몸동작이 의도적이고 적절하다.
- ☐ 서 있는 자세가 곧다.
- ☐ 학생들에게 시선을 주고 있다.
- ☐ 모든 학생들에게 시선을 준다.
- ☐ 손놀림이 자유롭다.
- ☐ 서 있는 자리를 옮겨준다.
- ☐ 교실 공간을 크게 활용한다.

표정/자세 관리하기
- ☐ 열의를 보인다.
- ☐ 호기심을 보인다.
- ☐ 유머를 보인다.
- ☐ 신뢰감이 느껴지게 한다.
- ☐ 찡그리지 않고 편안한 표정을 짓는다.
- ☐ 얼굴 표정을 자연스럽게 한다.

칠판 / OHP 쓰기

- ☐ 미리 조정하거나 준비한다.
- ☐ 글씨, 그림 크기가 적당하다.
- ☐ 뒤에 앉은 학생도 잘 보이도록 한다.
- ☐ 글씨를 흐리거나 흘려 쓰지 않고 정확히 쓴다.
- ☐ 짜임새가 있다.
- ☐ 내용이 적당히 들어가 있다.
- ☐ 말하는 내용과 중복되지 않고 내용을 보완한다.
- ☐ 악센트, 포커스, 세부 사항, 개념 지도 등을 보여준다.
- ☐ 충분한 시간 동안 내용이 보이도록 한다.
- ☐ 칠판이나 스크린을 가로막지 않아서 학생들이 쉽게 볼 수 있다.
- ☐ 칠판이나 스크린 공간을 최대한으로 활용한다.
- ☐ 타이밍이 적절하다.

수업 구성과 시간 관리

- ☐ 각 단락이 분명하다(구두로 표시되었다).
- ☐ 주기적으로 각 단락을 요약한다.
- ☐ 소제목을 모두 충분히 다룬다.
- ☐ 학생들이 숨돌릴(생각할) 여유를 준다.
- ☐ 허둥대지 않고 끝까지 같은 페이스로 진행한다.

수업 진행

- ☐ 지속적으로 학생들의 주의력을 끈다.
- ☐ 호기심을 유발한다.

- ☐ 학생들이 강의 내용을 이해하는지 관찰한다.
- ☐ 다양한 교수법을 동원한다(학생들 입장에서 볼 때).
- ☐ 말 듣기.
- ☐ 쓰기.
- ☐ 그림 보기.
- ☐ 실물 보기.
- ☐ 만져보기.
- ☐ 질문하기·토론하기.
- ☐ 행동하기.

설명하기

- ☐ 중요한 단어나 개념을 설명한다.
- ☐ 각 단락의 목적을 전달한다.
- ☐ 각 단락이 서로 어떻게 연관되는지 보여준다.
- ☐ 이 수업이 더 큰 교과과정의 어느 부분에 해당하는지 관련성을 보여준다.
- ☐ 예를 들어 설명한다.
- ☐ 최근 연구 결과를 곁들인다.
- ☐ 수업 내용을 현실적 상황에 연관시킨다.
- ☐ 결론만 보여주지 않고 배경과 사고 과정을 설명한다.
- ☐ 복잡하거나 어려운 내용을 반복하거나 추가해 설명한다.
- ☐ 가장 중요한 내용을 반복하거나 강조한다.

질문하고 토론하기

☐ 질문을 한다.

☐ 알맞은 수준의 질문을 한다.

☐ 질문한 후 대답을 기다린다.

☐ 학생들의 말을 끝까지 듣는다.

☐ 학생들의 말(질문이나 대답)이 다른 학생들에게 들리도록 한다.

☐ 대답하지 않는 학생들도 참여하도록 유도한다.

☐ 한두 학생이 반응을 독점하는 것을 막는다.

☐ 학생의 질문에 대답할 경우, 모든 학생에게 대답한다.

☐ 학생의 참여(옳고 그름을 떠나서) 그 자체를 높게 평가한다.

학생들과의 관계

☐ 학생들을 개개인으로 인식한다.

☐ 학생들의 이름을 안다.

☐ 학생의 의사를 존중한다.

☐ 학생들이 참여할 기회를 준다.

☐ 학생들이 잘했을 때 알맞게 칭찬한다.

☐ 학생이 못했을 때 격려해 준다.

☐ 개별적 필요성을 고려한다.

☐ 학생들을 공평하게 대한다.

끝내기

☐ 다음 수업에 대한 예고(preview)가 있다.

☐ 수업을 자연스럽게 끝맺는다(끝나가고 있다는 것을 느낄 수 있다).

☐ 중요한 점을 요약한다.
☐ 요구사항(숙제, 시험 등)을 명확히 전달한다.
☐ 수업을 정시에 끝낸다.
☐ 수업이 끝난 후 학생들에게 시간을 할애한다.

〈수업 기록〉 샘플 1

• • •

수업은 10시 30분부터 시작, 기록은 10시 28분부터 시작

수업 시간	수업 기록
-2	학생 13명이 출석, 수업 준비를 하는 모습은 없고 잡담하면서 시간을 보냄.
0	선생님께서 교실에 들어옴. 곧바로 단상으로 향하시고, 수업 노트를 놓자마자 수업으로 들어감.
2	출석을 부름. 주로 출석표를 보면서 이름을 부름. 가끔 학생 쪽으로 시선을 돌림. 출석을 부르는 동안 학생 두 명이 교실에 들어옴. 수강생 27명 중 15명 출석함.
4	시험에 대한 피드백. 선생님께서 많은 질문을 함. 주로 "yes or no" 대답을 요구함. 학생들이 반응을 많이 보임.
5	선생님께서 주로 시선을 자신의 왼쪽 중간 부분에 앉아 있는 학생에게 보내면서 수업하심. 가끔 오른쪽 중간으로도 시선을 보내지만 거의 순간적이며, 서로 눈을 마주치지는 않음. 맨 앞쪽과 뒤쪽 학생들은 거의 시선을 받지 못하고 있음.
6	학생이 코멘트를 하는데 선생님께서는 끝까지 열심히 들어줌. 끝에 "하여튼"이라는 대답 한마디로 반응을 마무리함.
8	교실 음향 시설이 상당히 나빠서 선생님의 목소리가 잘 들

리지 않음.

10 오늘의 수업 주제를 처음으로 제시함. 핵심 주제를 강조함.

11 구체적인 예를 들어 주제를 설명하는 동시, 흥미유발을 함.
상당히 많은 질문을 하심. 질문은 "예"와 "아니요"를 요구하는 질문임.
학생들이 대체로 수업에 집중하고 질문에 반응을 보임.
교실 왼쪽 앞에 앉은 학생은 거의 딴 짓을 하고 있음.
칠판의 십 분의 일을 활용함.
계속해서 한곳에 서서 말하기 때문에 몇 학생의 시선을 가림.

13 처음으로 선생님께서 단상 뒤로 나오면서 천천히 자리를 옮기심.

16 중요한 개념과 단어를 칠판에 적으며 하나씩 써내려가며 설명함.
개인적인 예를 들어 설명.

20 도표를 그리면서 축을 설명하지 않음.

22 소크라테스의 질문 방법을 많이 사용함.

23 칠판을 향해 말을 함. 하지만 비교적 짧은 시간임.

26 처음으로 칠판의 장소를 옮김.
유머(500원 동전)를 잘 씀. 자연스러움과 친근감 느끼게 함.

27 미국 사례를 듦.

30 맥락을 강조함 "다음에 이야기할 것이……."

32 학생을 지정하고 질문함. 대답이 나오지않자 다른 학생을 지정함.
"이야기해 봐"라고 명령함.

33	학생의 대답을 진지하게 끝까지 들음.
	"거의 비슷하게 이야기했는데……"라고 반응을 보임.
37	동해안 산불 피해 예.
39	"복잡하기 때문에 다음 시간에……."
39	처음으로 OHP 스크린을 치우고 본격적으로 판서함.
40	도표에서 축을 설명하지 않음.
41	판서가 흐림.
44	색분필 쓰기 시작함. 하얀색과 붉은색의 차이가 없음.
	도표에 세부 사항이 많아짐.
50	개념의 대조를 깔끔하게 정돈함.
51	OHP 쓰기 시작함. 너무 작아서 안 보임.
	학생들에게 앞으로 와서 앉으라고 권함. 학생에 대한 배려 느껴짐.
	학생이 창문 커텐을 닫음. 인식하면 좋음.
53	구체적 예(교실 옆 나무)를 듦.
55	아리스토텔레스의 비유를 들자 학생들이 재미있어 함.
57	자신의 논문을 언급함.
60	두 번째 OHP도 너무 작음.
	학생들과 함께 웃음. 좋은 유대감. 편함이 느껴짐.
70	수업을 끝냄. 말을 계속함
	학생이 모두 22명 출석함.

⟨수업 기록⟩ 샘플 2
(판서 위주 수업)

• • •

수업 시간	수업 기록
−5	먼저 온 학생 5명은 조용히 수업 준비함.
−1	학생 9명 출석.
0	정시에 선생님께서 교실에 들어오심. 수업 준비를 하심.
2	준비하시는 동안 학생들과 약간의 대화를 나눔. 수업 기자재 준비를 함.
3	학생 28명 출석.
5	학생 34명 출석.
6	수업 시작. 선생님께서 칠판에 수업 주제를 적음. 지난번 수업 내용을 말로 요약함. "중요한 것은……" 하고 중요한 점을 강조하심. 소제목(content) 위주, 순차적으로 리뷰함 "그 다음에 ~에 대해서 이야기했고……." 질문하는 식으로 진행해서 학생들이 기억을 하도록 유도함
10	"의식하지 않으려고 하는데……." 웃음, 유머, 진솔함, 학생들과 좋은 관계를 가지고 있음이 나타남.
11	첫 질문. 손들어 대답을 요구하고 있다는 표시를 함.
12	두 번째 질문. 학생이 대답하였으나 다른 학생들은 듣지 못함.

13	판서를 본격적으로 하기 시작함.
	판서 내용이 말의 내용과 순서를 반복함.
20	도표를 그림.
24	질문은 주로 암기된 지식을 요구함. 대답이 나오지 않음.
	"이 수식은 이해 갑니까?" 대답이 없음.
25	Mind experiment.
	"~아", "~그" 등 불필요한 말을 가끔 함.
26	학생이 질문함. 선생님께서 진지하게 끝까지 귀를 기울임.
	"아니, 그런 게 아니고……" 부정으로 대답을 시작함.
	대답을 질문한 학생만 보고 함.
	학생이 추가 질문을 두 번 함. 모두 4분이 지났음.
	"이해가 안되면 강의끝나고 이야기하자"라는 말로 마무리.
31	새로운 케이스로 진행 하셨으나 그전 케이스와의 차이가 설명되지 않음.
	학생이 교실에 들어오고 나감.
36	맨 앞에 앉은 학생이 질문함. 강단에서 내려와 질문한 학생의 말을 들음. 학생의 질문을 모든 학생이 듣도록 반복함. 모든 학생들을 보면서 대답함.
	12분 때와 26분 때의 경우와 대조됨.
38	"다음 주제로 넘어가지. 좋은 질문이다"라고 말씀하시면서 질문한 학생을 은근히 추어줌. 그리고 동시에 수업의 단락을 확실하게 지어줌.
	새 단락에 들어가면서 칠판의 일부만 지움.
40	수식을 적고 학생들이 다 적을 때까지 잠시 기다려줌.

42	조는 학생에 다가가서 학생을 깨움. "어디 아프냐?"는 학생을 배려하는 질문. 그 다음에 "정신차리고 들어오라"는 말은 앞에 한 말을 비꼬는 말로 변하게 만듦.
49	"상당히 중요한 과정인데~ 상당히 유용한 특성입니다"로 중요성을 강조함.
52	"또 한번 생각해 봅시다"는 학생과 선생님이 학습의 동반자라는 느낌을 줌.
56	질문하고 답을 4~5초 기다리다가 스스로 대답을 함. 상당히 어렵고 복잡한 관계를 말로 설명함.
57	Case3은 일반적인 케이스로, 결론으로 보임. 따라서 38분에 시작된 case1과 2로 인하여 귀납적(inductive) 결론을 유도함.
58	Case4를 설명함.
60	"앞으로 많이 듣게 될 것이다." 구체적 예가 없음.
61	정돈된 판서로 통하여 내용의 구조를 보여줌. "이것은 확실히 기억해 주길 바랍니다"라고 내용의 중요성을 강조함.
64	예시 사례를 시작함. 약간 바쁘게 진행됨.
73	"앞으로는 표기에 대한……"이라고 말씀하시면서 다음 수업을 언급함.
85	수업 후 8~10명의 학생들이 개별적 질문을 함. 선생님께서는 끝까지 남아 학생들의 질문을 받고 대답을 함. 학생들의 질문을 순차적으로 받음.

⟨수업 기록⟩ 샘플 3
(교육매체-PPT와 빔 프로젝터-위주 수업)

● ● ●

( ) 안의 숫자는 슬라이드 페이지 수임.

수업 시간	수업 기록
-5	학생 4명 출석. 선생님께서 교실 들어옴. 빔 프로젝터 준비하심.
-3	학생 8명 출석.
0	학생 15명 출석, 수업 준비를 하심.
2	PPT 준비하심. 첫 슬라이드를 비춤.
3	학생 27명 출석.
5	학생 36명 출석. 출석 부르기 시작함.
6	출석하지 않은 학생에 대해서 관심을 보이심.
7	출석 체크한 학생 한 명 교실 나감.
9	유머, 학생들과 친한 관계. 컨트롤.
10	출석 부르기 끝.
11	"오늘은 ~주제에 대해 이야기하겠습니다." 확실한 주제 전달.
14	빔 프로젝터의 고장에도 시간을 잘 이용함.
16	질문: 그렇게 존을 높게 드냐? Wit, cuts both ways.
17	최근의 이슈와 연결.
19	일본의 예.

21	(2) 빔 프로젝터 작동. 수업 본격적으로 시작.
22	앞으로 걸어나오며 질문.
24	학생이 대답함. 일대일 대화.
	대답을 유도하기 위해 다시 다른 각도에서 질문함. 세 번째로 다시 질문함.
27	(3)
29	유머.
30	개인적인 사례들.
31	암기 위주의 질문을 했으나 대답이 없음.
	98년 1월: dramatic, climatic, suspense.
33	(4)
35	지속적으로 철판을 예로 듦. 매우 효과적임.
38	질문: 학생 이름을 부르고 너는 이제 찍혔다.
	예전 수업 내용을 들먹임.
	시험을 들먹거림(threat).
40	학생들이 기억을 하지 못함.
	세 명 빼놓고 처음 듣는 모습.
	"텅 빈 머리를 채웠는데……"라는 말로 마무리지음.
42	질문: 큰 건축물: 대학 건물에 비유, 유머.
	대답이 많이 나옴. 열린 질문. 의견 위주.
43	학생 1명 추가 출석.
46	"yes or no"로 대답할 수 있는 질문이었으나 토론을 유도해 냄.
	다시 질문. 또다시 질문.

	그렇게 생각하는 분, involves others in discussion.
51	학생 1명 추가 출석.
	조는 학생.
53	(6)
54	축구에 비유.
57	(7)
58	(8)
63	소주 유머.
64	(9)
	노래방 유머.
67	질문.
71	(10) 많은 필기.
72	학생이 손들어 질문했으나 손 든 학생을 보지 못함.
73	(11)
75	(12)
76	(13), (14), (15)
79	(16)
80	수업 끝, 결론이 없음. 다음 수업에 대한 언급이 희박.

〈새 시대 교수법〉 수업 자가 진단표 1

● ● ●

목소리　　　　　　　　　　　　　개선 필요함　OK　잘함

1. 목소리 크기가 적절한가?　　　　　1　2　3　4　5
2. 말하는 속도가 적절한가?　　　　　1　2　3　4　5
3. 발음이 명확한가?　　　　　　　　1　2　3　4　5
4. 목소리에 변화가 있는가?　　　　　1　2　3　4　5
5. 목소리에 생동감(자신감)이 있는가?　1　2　3　4　5

몸동작　　　　　　　　　　　　　개선 필요함　OK　잘함

1. 몸동작이 의도적이고 적절한가?　　1　2　3　4　5
2. 서 있는 자리를 옮겨 주는가?　　　1　2　3　4　5
3. 학생들에게 시선을 주고 있는가?　　1　2　3　4　5
4. 모든 학생들을 살펴보는가?　　　　1　2　3　4　5
5. 몸동작의 효과를 극대화하는가?　　1　2　3　4　5

칠판 / OHP 쓰기　　　　　　　　개선 필요함　OK　잘함

1. 잘 보이는가?　　　　　　　　　　1　2　3　4　5
2. 짜임새 있고, 정돈되어 있는가?　　　1　2　3　4　5
3. 악센트 효과가 있는가?　　　　　　1　2　3　4　5
4. 양이 적절한가?　　　　　　　　　1　2　3　4　5
5. 말하는 내용과 중복되지 않고 보완하는가?　1　2　3　4　5

〈새 시대 교수법〉 수업 자가 진단표 2

수업진행   개선 필요함   OK   잘함

1. 시간을 의미있게 보내는가?   1   2   3   4   5
2. 수업에 숨 돌릴 여유가 있는가?   1   2   3   4   5
3. 호기심을 유도하는가?   1   2   3   4   5
4. 수업 속도가 적절한가?   1   2   3   4   5
5. 수업이 끝나가고 있다는 것을 느낄 수 있는가?   1   2   3   4   5

수업 구성   개선 필요함   OK   잘함

1. 수업 목표가 확실하게 전달되었는가?   1   2   3   4   5
2. 수업이 여러 단락으로 나눠져 있는가?   1   2   3   4   5
3. 한가지 이상의 수업 방법을 사용하는가?   1   2   3   4   5
4. 지난 수업 내용과의 연관성이 보이는가?   1   2   3   4   5
5. 가장 중요한 내용이 부각되었는가?   1   2   3   4   5

질문·대답·반응   개선 필요함   OK   잘함

1. 학생들에게 효과적인 질문을 하는가?   1   2   3   4   5
2. 학생들이 참여(대답)할 기회를 주는가?   1   2   3   4   5
3. 학생들이 대답했을 때 긍정적 반응을 보이는가?   1   2   3   4   5
4. 학생이 못했을 때 격려하는가?   1   2   3   4   5
6. 학생들이 질문하도록 유도하는가?   1   2   3   4   5

선생님의 자기 개념

1. 교수와 학생 사이의 관계는 (   )과 (   )의 관계와 유사하다. 하나 이상을 선택하셔도 좋습니다.

조각가	나무토막
화가	캔버스
프로그램 디스크	컴퓨터
장군	병사
불	초
정원사	꽃밭
관광 안내원	관광객
코치	팀
부모	자식
판매원	고객

2. 위에 없는 관계라면 자신이 생각하는 관계를 아래에 기입해 주십시오.

　_____　　_____

〈새 시대 교수법〉 수업 자가 진단표 3

● ● ●

1. 자신이 장점(가장 잘하고 있는 점)은 무엇입니까?

   _____
   _____
   _____
   _____
   _____
   _____
   _____
   _____

2. 가장 시급하게 개선하고 싶은 점이 있다면 무엇인지 세 가지만 적어보십시오.

   _____
   _____
   _____
   _____
   _____
   _____
   _____
   _____

〈새 시대 교수법〉 수업 자가 진단표 4

• • •

어떻게 개선하실 계획인지 그 전략과 방법을 적어주십시오.

감사의 글

　제가 교수법 상담 가이드북을 쓸 수 있게 된 배후에는 제게 도움을 주신 고마우신 분들이 많습니다. 먼저 미시간공과대학 교수법 연수회와 상담을 허락하신 미시간공과대학 컬트 톰킨스 총장님께 감사드리고 싶습니다.

　미국공학교육학회 회장을 지내기도 하셨던 톰킨스 총장님은 교수법의 중요성을 일깨워주신 분이기도 합니다. 그분께서는 교수법 상담 문외한인 제가 교수법 상담원으로 추천되었을 때 선뜻 동의하셨습니다. 제가 실수하는 것을 허락하신 것이었습니다. 실수를 경험으로 보는지 아니면 실패로 보는지에 따라 혁신과 정체(停滯)로 판가름나는 것이라고 생각합니다.

　제가 미국에서 개발한 '새 시대 교수법'을 한국에 전달할 수 있도록 도움을 주신 분들이 많습니다. 서울대 이기준 총장님께서 지난 수년간 매해 한국으로 불러주시고 특강할 기회를 주셨습니다. 연세대 김우식 총장님께서 제가 하는 일을 남달리 좋게 생각해 주시고 격려해 주셨습니다. 한국공학교육기술학회의 한송엽 전 회장님과 김수일 회장님, 한국전문대학교육협의회의 이종섭님과 능력개발교육원의 김정근 소장님께서 제가 학회 차원에서 일을 할 수 있는 기회를 주셨습니다.

다른 지면으로 통하여 이미 감사를 드렸지만 다시 제 고마움을 전하고 싶은 분들이 계십니다. 경북대 김덕규 교수님, 고려대 홍석인 전 학장님, 명지대 김창은 교수님, 영남대 이상천 총장님, 포항공대 장수영 전 총장님, 한기대 권원기 전 총장님 그리고 서울대의 김태유 교수님, 노승탁 교수님, 유영제 학생처장님, 유정열 교수님, 이병기 연구처장님, 이장무 학장님, 이현구 교수님. 이분들께서 제게 베푸신 은혜는 날이 갈수록 더 감사하게 느끼게 됩니다.

그리고 제가 한국에서 좀 더 광범위하게 일을 할 수 있도록 도움을 주신 분들은 서울대의 최항순 교수님과 이장규 교수님, 교육부의 김화진 과장님과 김영식 국장님, 산자부의 이현재 국장님이십니다. 진심으로 감사드립니다. 그리고 이 모든 일을 가능토록 해주신 서울대 정석호 교수님께 뒤늦게 감사드립니다.

특히 제가 한국 교수님들 대상으로 상담을 할 수 있는 기회를 주신 서울대 교수학습개발센터의 초대 소장이셨던 김영수 교수님께 진심으로 감사드립니다. 그리고 '새 시대 교수법' 상담 워크숍이 가능하도록 지원해 주신 후임 강명구 소장님께도 감사드립니다.

제가 가장 고마운 분들은 서울대 교수학습개발센터의 비디오 피드백 상담원이신 이희원 선생님, 정연순 선생님, 차인숙 박사님이십니다. 제가 한국 교수님을 상대로 자문을 처음 할 적에 제 실수를 끈기 있게 지켜보시고 잘잘못을 지적해 주신 분들입니다. 이젠 저보다 더 많은 경험을 하신 분들이라서 곧 한국의 최고 비디오 피드백 상담 전문가로 성장하실 분들이라고 생각합니다.

  감사를 드려야 하는 분들이 아직도 많이 남았습니다. 미처 개별적으로 감사의 마음을 표하지 못한 점이 부끄러울 뿐입니다.

2002년 4월

조벽

---

* 이 책을 10년이 지난 후에 개정판으로 다시 출간하게 되었습니다. 짧은 시간에 완성될 수 있도록 최선을 다해주신 해냄출판사 송영석 사장님과 직원들에게 감사드립니다. 특히 이혜진 편집장님과 박신애님이 고생 많으셨습니다.

조벽 교수의 수업 컨설팅

초판 1쇄 2012년 1월 2일
초판 14쇄 2023년 1월 20일

지은이 | 조벽
펴낸이 | 송영석

펴낸곳 | (株)해냄출판사
등록번호 | 제10-229호
등록일자 | 1988년 5월 11일(설립연도 | 1983년 6월 24일)

04042 서울시 마포구 잔다리로 30 해냄빌딩 5·6층
대표전화 | 326-1600 **팩스** | 326-1624
홈페이지 | www.hainaim.com

ISBN 978-89-6574-330-9

파본은 본사나 구입하신 서점에서 교환하여 드립니다.